03
2024.11
강장남 수필집

# 그리움은 가슴마다

도서출판 **평강**

| 책머리에 |

## 그리움은 가슴마다를 내면서

강 장 남

　이제 내 나이가 팔순을 지나면서 지나간 세월속에 묻혀간 사람들을 기억하면서 이 세 번째 수필을 엮습니다.

　수필이라기 보다 그동안 살아 온 인생사의 잡다한 이야기들을 한 권의 문집으로 엮어 봅니다.

　한 인간의 역사! 참으로 신비하면도 진지했습니다.

　부모님이 일본에 사셨기 때문에 나는 1943년 11월 25일 삼남 이녀 가운데 막내로 일본 우베라는 마을에서 태어 났습니다.

　그러니까 가장 치열했던 이차대전 말기에 이 세상에 온 셈입니다.

강장남 제3수필집

조국 광복과 동시에 어머님의 등에 업혀서 고향 땅으로 오게 된 것입니다. 어려서 당시 형편을 다 알 수 없었지만 어려운 시대를 경험한 것이 사실입니다. 하지만 그 어려움이 오히려 기회가 되어 오늘에 이르게 되었습니다.

 이제 팔순이라는 세월의 흐름을 체험하면서 살아온 이야기를 묶어서 한 권의 수필집으로 묶었습니다. 부족한 부분들을 타일러 주시기 바랍니다.

# 목차 Contents

**책머리에/** 지은이            03

## 1부. 그리움은 가슴마다     07
- 그리움은 가슴마다
- 양띠의 모임
- 불조심
- 지 게
- 복어 이야기
- 사제의 정

## 2부. 오분 인생     25
- 오분 인생
- 전 화
- 임사체험(臨死體驗)
- 조개 껍데기 아가씨
- 거짓말의 묘미
- 주 군
- 못 잊어 생각이 나겠지요?
- 냇물이 많으면 산길로 오지

## 3부. 후반전 인생     55
- 후반전 인생
- 강참봉 어른
- 먹기 내기
- 봄 편지
- 정선 가는 길
- 나들이
- 지각 인생
- 금천 체험마을
- 인성교육

강장남 제3수필집

## 4부. 보고싶은 사람들
- 보고 싶은 사람들
- 紅柿
- 라 면
- c의 이야기
- 이잡기
- 인 화

## 81
- 징검다리 추억
- 시골 버스
- 가을이 오는 길
- 무속인 이야기
- 막내 고모님

# 그리움은 가슴마다

강장남 제3수필집

PART 1

# 그리움은 가슴마다

 6,70년대를 살아본 사람은 누구나 흥얼거리는 노래 중 그리움은 가슴마다 있을 것이다.
 대중가요긴 했지만, 그때 젊음을 지나온 사람이면 모르는 사람이 없을 노래다. 이 노래를 상기시키는 젊은 시절

 A는 그날도 한 시간 거리를 걸어서 초승달이 산마루에 걸려있는 시점에 스스로들이 만든 만남의 자리에 앉아 누군가를 기다리고 있었다. 평소 같으면 먼저 와서 기다리고 있을텐데 그날에는 인적도 없다 왜? 하는 물음표부터 어디 아프지는 않을까 아니면 금족령을 당한 것인가 요즘같이 핸드폰이 있으면 연락이라도 할 수 있을 터인데 대면 아니고는 인지 방법이 없는 시대라 궁금증은 증폭한다. 저만큼에서 누군가 속삭이는 소리가 들리는 듯하고 하나 둘 지나간 사람들의 눈에 띄지 않게 본의 아니게 자신을 감추어야 했다. 그만큼 젊은 시절에 특히 농촌에서의 젊은이들의 만남은 모험이면서 기쁨의 전초전이었다. 만나봐야 별 할 이야기도 없으면서 잘 자란 잔

디 위의 로맨스 같은 거였다. 그래도 그 시간만은 아름답고 즐거운 일들이 가득 쌓이는 추억의 토막이었다. 선배 A형은 그 달밤을 잊지 못한다고 거의 40대가 되어서 아내도 아이도 셋이나 있는데도 추억의 그 여인을 잊지 못하는데 특히 매스컴에서 그리움은 가슴마다라는 노래가 들려올 때 더욱 그립다고 털어 놓는다. 요즘에야 시대가 바뀌어서 그럴 리 없지만, 옷깃만 스쳐도 운명의 만남이나 숙명의 라인에 묶인 것처럼 생각했던 때이기에 더욱 그랬는지 모른다. 그 달밝은 가을 밤 일찍 저녁을 먹고 십 리 길을 단숨에 달려오듯이 만남의 그 자리에 왔는데 그날따라 어디선가 기다리고 있겠지 하고 그리고 까꿍 하면서 신호를 보낼 줄 알았는데 어쩐지 적막만 흘렀고, 기껏 정치망 선원들이 일을 마치고 집으로 다녀가는 발걸음 구경만 했다.

마을에는 정치망 어장이 두 개인데 각자 다른 막에서 일하는 사람들이라 서로가 어장의 어획 상황을 애기 한다.

"오늘 자네들 어장에는 삼치가 얼마나 잡혔는가?" 하니
"삼치는 무슨 삼치 고시 (삼치보다 작은 삼치류) 두 상자 정도지 그럼 자제네 어장은?" 하고 물으니 "우리는 서른 상자 정돈데 무역선에 다 실었지" 하는 이런 이야기 들이다 막대기에 몇 마리씩 꿰어서 어깨에 메고 가니 걸음들이 느리다.

강장남 제3수필집

"자식들 좀 빨리 가지 그래야 영희가 빨리 올 텐데" 조급히 기다리는데 그 조바심의 시간이 길기만 했다. 그래도 시간이 흐르니 드디어 그를 만났다. 잔디가 가지런한 길 옆 숲가에 반갑게 만났지만, 그날의 화두는 시집을 간다는 것이다. 그 통보를 끝으로 하여 그리움 점 하나 찍고 떠났다. 그 일이 가슴에 일생동안 남아 있어서 늘 그리움은 가슴마다 라는 노래에 얽혀 살고 있다며 눈물을 흘렸다. 그 그리움, 사람마다 가슴에 남아 있는 그리움 그 강도는 어떨까?

PART 1

# 지게

　우리가 자라온 젊었던 시대에 유일한 운반 수단인 지게는 잊을 수 없는 반려 기구다 마을 길이 좁아서 리어카도 다닐 수 없는 상태이기에 지게야 말로 운반 수단의 효시였다. 그래서 너 직업이 무엇이냐고 하면 "지겟다리 운전수"라고 할만큼 지게는 우리의 생활과 밀접한 관계를 가지고 있었다.

　특히 지게 생각하면 머리를 스치는 외할아버지의 말씀이 생각난다 "열손보다 한 등짐이 낫다." 그 등짐의 주축이 지게다. 그래서 지게는 농가의 유일의 운반기구이며 소와 함께 중요한 농기구이기도 했다. 그래서 지게를 갈무리하는 것이 중요한 일거리였다. 그런데 이 지게를 지키는 일이 만만찮았을 때가 있었다. 어려서부터 지게의 쓰임은 불가 분리의 관계를 가지고 있었다. 당시 온갖 짐을 지고 다니는 도구이기도 하지만 유일한 땔감 운반수단이기도 하였다. 봄 부터 겨울까지 집에서 때는 연료를 산에서 구하여 짊어지고 와야 하는 도구가 지게였다. 그런데 문제는 연료를 구하는 방법이 쉽

강장남 제3수필집

지 않았다. 봄에는 산에 가서 나무 그루터기를 캐서 지고 와야 하고 여름에는 풋나무를 베어 와야 하는데 만만찮은 모험이 따른다. 마을 인근 산에서 베거나 파거나 해 와야 하는데 그 산들의 주인이 이를 지키는가 하면 심지어는 이 산들을 돌보는 산지기가 있어서 이들의 눈을 피하여 마련하는데 들키는 날에 빨리 도망가는데 우선적으로 챙기는 것이 지게다. 지게는 우리들 시대의 산업도구이기에 문자 그대로 사수해야 한다. 그런데 산주나 산지기에 따라서 관리 방법이 다르다. 좀 독한 사람은 나무만 빼앗고 그냥 두는 사람이 있는가 하면 지게를 가지고 가서 찾으러 올 때까지 유치하는 자가 있고 아예 현장에서 부숴버리는 악한 자가 있었다. 그래서 악한 사람의 산에서 나무를 벨 때는 망을 봐야 한다. 꼭 한 분이 있다. 사람들이 그분을 참봉이라고 했는데 당시 한자를 아는 분이었다. 그래서 지게를 내 주는 조건으로 용서(容恕) 라는 글을 써 두고 이를 읽으면 지게를 내 주었다. 그때 아무도 그 글을 몰라서 받지 못했는데 그분의 며느리 분이 몰래 내 주어서 겨우 찾아 온 일도 있었는데 건너 마을 정성수 영감에게 걸리면 단번에 바위에 대 놓고 부숴버린다. 부숴진 지게 눈물을 흘리면서 꿰매듯이 수리하여 지고 다녔다.

열손보다 나은 그 한등짐의 주축인 농기계며 운반 수단의 지게, 점차 우리 주변에서 사라지고 있다

PART 1

# 양띠의 모임

나의 동갑내기들의 모임을 양띠 모임이라 한다. 참 귀한 모임이다. 1943년생이라는 이 해가 문제가 아니라 태어났다는 사실이 중요하다. 대동아 전쟁인 2차 세계 대전이 한참일 때 태어났기도 하지만 우리대 곧 1940년에서 45년까지 출생수가 가장 적은 해가 1943년이다. 그래서 학교에 가면 다른 세대는 한 학년이 두 반 또는 세 반인데 우리 세대는 65명이 입학했지만 졸업은 51명이었다. 곧 양띠가 적었다. 전쟁이 가져다 준 비극이다. 그래서 6.25 전쟁이 끝나고 전쟁후 결혼 세대를 남자 한 명에 처녀는 세 트럭하고 반, 그래도 당시로 보아서 결혼 미숙자 세 명이 울면서 따라간다는 우스개 소리를 하기도 했다. 그뿐 아니다. 우리시대에는 8.15 광복 이후 시대라서 그런지 지나친 굶주림, 홍역, 장티프스 등의 전염병으로 아이들이 많이 해를 입기도 하였다.

1950년 4월 5일은 참으로 새로운 것을 경험하는 초등학교 입학식. 하나, 둘, 셋, 넷이라고 하던 처음 학교생활이 얼마되지 않아

6.25 사변으로 장기 휴학 등의 어려운 고비를 겪었고, 그 이후 빠른 세월 따라간 나이가 쉰이 넘자 다들 안정권에 들었는데 남해에 살고 있는 양띠들을 모으니 육십여명이 1997년에 7월에 모임을 가졌다.

선한 양들의 모임 그대로 였다. 분기별로 일년에 네 번씩 정말 의미있는 모임이었다. 그런데 회갑이 지나자 발전적이 해체를 하고 다시 뜻있는 스무명이 모였다. 몇 해 못가서 더러는 자식 따라 가고 나이따라 이 세상을 떠나서 점점 숫자가 줄어져 열한명. 두달만에 한번씩 모였다. 이제 팔순이 넘었다. 나이가 들수록 더 정답고 의미가 깊었다.

남해읍을 중심으로 하여 삼동면, 남면, 서면, 고현면으로 순회모임을 갖는다. 우리가 모이는 음식점 주인들이 참 친절하고 솜씨도 좋다. 팔십대의 남자들의 모임이니 농담 방담 무슨 말을 해도 괜찮다. 즐거운 노년을 보낸다. 참으로 즐거운 양들의 모임이다.

PART 1

# 복어 이야기

어쩌다 식곤증으로 인하여 졸고 있는 사람에게 "이 사람 복징어(복어) 국 먹었나?" 하고 놀린다. 참으로 맛이 좋으며 독한 어종이다.

복어가 놀라거나 적의 습격을 당했을 때 입으로 물이나 공기를 들이마셔 배를 풍선 모양으로 뚱뚱하게 부풀리는데, 이것은 팽창낭의 기구에 의한 것이다. 이 때 마시는 물의 양이 몸무게의 4배에 이른다고 한다.

이 팽창 습성은 발육 초기, 예를 들어 자주복의 경우에는 부화 후 2주일이면 나타난다. 또 복어는 위협받으면 이를 갈아서 대응하기도 한다.

복어는 대부분 등지느러미와 뒷지느러미를 물결 모양으로 움직여서 유영하는데 몸이 둥글어 속도가 느리다.

강장남 제3수필집

어릴 때는 동물성 플랑크톤을 먹고 자라나 성어가 되면 새우·게·갯지렁이·조개·물고기·해파리 등을 먹는다.

부화 후 20일 정도면 이빨과 턱의 근육이 단단해지고 물체를 이빨로 물어뜯는 습성이 생긴다.

복어는 위험할 때 독을 가진 가시를 돋아낸다.
그 독은 난소와 간에 붙어 맹독을 품고 있는데, 배에는 소량의 독이 있으며, 피부·정소·혈액·살에는 매우 적다고 한다.

복어는 특수한 요리 재료로서 맛이 좋아 수요가 많고 값도 비싼데다 요리 방법의 발달로 수요가 급증하여 여러 곳에서 양식을 하고 있다.
독성이 강한 복어일수록 맛이 좋은데, 식용으로 많이 이용되는 종은 자주복(참복)·검복·까치복·복섬 등 몇 종류에 불과하다. 늦가을부터 초봄까지 맛이 가장 좋으며, 특히 일본에서 인기가 많다.

일본 사람들은 복어 사시미(회)를 좋아한다고 한다. 그러나 그 사시미는 독성을 가졌는데 장기 특히 간, 난소, 눈, 피부에 치명적인 양의 테트로도톡신을 함유하고 있다. 나트륨 통로 차단제인 독은 피해자가 의식을 유지하는 동안 근육을 마비시킨다. 중독된 피해자는 숨을 쉴 수 없고 결국 질식사한다. 복어 독에 대해 알려진 해독제는 없다. 일반적인 치료법은 독이 피해자의 몸에서 대사되어 배설될 때까지 호흡기와 순환계 활동을 돕는 것이라고 한다.

  테트로도톡신 중독의 증상은 현기증, 탈진, 두통, 메스꺼움 또는 호흡 곤란을 포함한다. 중독된 사람은 의식은 있지만 말하거나 움직일 수 없다. 고용량에서는 호흡이 멈추고 질식사가 뒤따른다.
  그러기에 지금까지 해독제는 없으며, 치료는 위를 비우고 활성탄을 투여하여 독소를 결합시키고 독이 없어질 때까지 생명 유지 장치를 사용한다고 한다.
  많은 학자들이 해독제를 개발하기 위해 지속적으로 여러 가지 노력을 기울이고 있으나 아직 이렇다 할 방법이 없다는 것이 정답이다.

  화창한 봄날 이웃집에서 아침부터 곡성이 들렸다 왜 갑자기 이런 일이 있는가 하여 알아보니 어젯밤 저녁 잘 먹고 이웃집에 놀러 갔다가 그 집 주인이 복어를 가지고 와서 끓여 먹었는데 너무 맛이 좋아서 두 그릇씩 먹었다고 한다. 먹은 사람은 세 사람인데 두 사람이 죽었다는 것이다. 복을 가지고 온 주인은 아무렇지 않는데 두 사람 아까운 인생 하직을 한 것이다. 문제는 복어를 먹은 사람은 잠을 자지 않고 속에 든 음식물이 다 배출될 때까지 운동을 해야 한다는 것이다. 그 맛있는 졸복 마음놓고 먹을 날이 올까?

PART 1

# 불조심

하루 두 번씩 면사무소에서 불조심 방송을 한다. 입산금지 담뱃불 아무렇게나 버리지 않기 등등 일상적인 용어들로 설득한다. 요즘에야 불이 나려도 날 수 없는 것은 난방이나 취사과정이 다. 전기 아니면 가스 석유로 해결되기 때문에 불이 나려고 해도 날 수가 없다. 그래도 무서운 것은 산불인데 산에 가는 일도 뜸해져서 참 좋은 시대에 살고 있다.

한때 부산에 불이 많이나서 부산이라고 하는 부자(釜)가 기미솥 부자가 되어서 그런다고 글자를 고쳐야 한다는 말이 나오기도 했다

그뿐인가 불이났을 때를 풍자하는 재미있는 노래도 있었다.

영주동고개 불이 붙었다 잘탄다 신난다
엠피차와 소방차가 달린다
불은 붙어도 물이없어 못 끈다

강장남 제3수필집

딴따다 딴딴 따라라 딸라 라라라

소방대들도 보고만 있다
양키들은 카메라만 찍는다"

참 우스깡 스러운 풍자 노래다
  부산 영주동의 대화재 영주동으로 거쳐 대청동 그리고 역전까지 다 타버렸다. 원인은 한 부부의 싸움에서 비롯 되었는데 당시 6.25로 인한 피난민의 판자촌에서 싸움 끝에 술 취한 남자가 호롱불을 걷아찬 바람에 일어난 불이었다. 한 사람의 주벽이 그만큼 큰 손해를 끼친 것이다.

  화재에 관하여 말한다면 역사적으로 세계적인 대화재는 로마의 네로 황제가 저지른 로마 전체에 불지르고 자기는 그 불을 보면서 시를 읊었다는 이야기를 버금할 것은 없을 것이다. 우리나라는 자연재해로는 몇 년전에 있었던 강원도 산불이다. 또 대구 지하철의 화재들을 꼽을 수 있는데 이 화재들은 너무 격심하여 우리의 가슴을 어지럽게 한다.

  어떻던 불을 내는 거나 지르는 것은 범죄행위에 가깝다.

우리 마을에는 불이 난 일이 별로 없다. 마을 회관 건축을 위하여 농악을 할 때 김천석 형의 집에 불이 나서 온 대원이 합력하여 진화한 일 외에는 지금까지 없다. 다들 불조심에 관심을 가지고 있기 때문이다. 그러나 언제나 방심해서 안될 일은 불조심에 대한 안일한 자세다. 꺼진불도 다시 보자 참 명언같은 표어다.

강장남 제3수필집

PART 1

# 사제의 정

어리고 철없는 동사 불변 우리들
사랑으로 손 잡아 마음껏 가르치신
우리우리 선생님 잊을소냐 그 은혜
아침이나 저녁이나 항상 그 마음

초등학교 일학년 때부터 부른 노래다. 나이가 되었다고 학교에 오라는 입학통지를 받고 형들을 따라 처음으로 학교에 갔다. 당시 이름은 삼동국민학교. 처음 만난 담임 선생님은 윤용호 선생님이었다. 우리가 이학년 초에 윤선생님은 다른 학교로 자리를 옮기게 되어 선생님이 떠나는 날 버스로 떠나게 되어 버스 정루장에서 부른 노래다. 참으로 좋은 선생생님이셨는데 떠나니 아쉽기만 하였다. 입학해서 두어달 겨우 하나 둘 셋 넷을 익힐 무렵 6.25 사변이 일어나 학교는 무기 방학 그래서 집에서 아이들과 즐겁게 놀았다. 세월이 많이 흘러 그 선생님을 수소문하여 찾았다. 한번 통화한 후에 친구들과 같이 한번 뵙기 위하여 전화를 했더니 일주일 전에 타계 하셨다고 한다. 참으로 아쉬웠다.

스승과 제자, 잊을 수 없는 끈이다. 내가 스승님을 모시지 못하였는데 해마다 5월이 되면 내가 가르친 제자들이 찾아와서 대접을 한다. 부산 송도 해수욕장 부근 횟집에서 그때 동료들 중에 만날 수 있는 사람들이 모여서 융숭한 대접을 받는다. 대접은 받으면서 대접하지 못한 자신을 돌아보며 아픈 마음을 쓰다 듬는다.

지나간 그때의 이야기를 간추리면 가장 즐거웠던 때가 소풍과 체육시간에 피구경기할 때라면서 추억을 떠 올리기도 하고 그때 즐거웠던 사제지간의 정을 나누기도 했는데 그분들 마져도 벌써 다섯사람이 타계 하였다.

일생을 교단에서 수고한 분들 가운데 찾아주는 제자가 없어서 섭섭하다는 사람들도 있다. 문제는 나 스스로도 선생님들을 얼마나 찾아뵙고 인사를 하는지 은근히 대접받는 것은 즐기면서 대접하지 못하는 자신이 더 빈 마음이다.

이 시대를 살아가고 있는 모든 스승님 그리고 그분들께 학문과 삶의 자세를 배운 모든 제자들, 어쩌면 다 스승이고 제자인데도 자신이 할 일과 갈 길과 차릴 인사를 제대로 못하고 망설이는 분들 다

강장남 제3수필집

용감하게 발을 옮겨야 하지 않을까? 더더욱 중요한 인생의 길을 바르게 걸어가는 폼을 가져야 할 것을 기대 해 본다.

 다시 흥얼거리는 그 노랫말 우리우리 선생님 잊을소냐 그 은혜 …….

# 오분 인생

강장남 제3수필집

PART 2

# 오분 인생

　Y형 하면 우리 마을에서 노래 잘 부르기로 유명했다. 늘 하는 말 가운데 인생은 5분 게임이라고 했다. 주업이 어업이었는데 주로 자망이다. 멀리 바다에 나가서 투망해서 잡히는 고기를 잡아 오는 업이다. 특별한 어종은 없고 그물에 걸리는 대로 잡아 오는 것이라서 뽈락, 아나구, 도다리 아니면 쎄미, 우럭 온갖 잡어들이 다 잡힌다. 어쩌다가 운이 좋은 날은 메기, 삼치 등도 잡힌다. 그런데 문제는 대구철이다. 그때가 되면 새벽 두시에 일어나 바다로 나가야 한다. 모든 것이 경쟁사회이지만 이때는 치열하다. 일찍 나가야 고기가 많이 회유하는 자리에 그물을 내리고 시간을 기다리는데 좋은 자리에 먼저가야 많이 잡아 올릴 수 있다. 그뿐이 아니다. Y형은 언제나 담배를 꼰아물고 다니는데 자신의 말로는 하루 두갑씩 피운다고 한다.

　"이봐 빨리 일어나 저놈들이 오기전에 빨리 가야해" Y는 다그치듯이 아내를 깨운다. 아내는 못마땅하지만 생계를 유지하는 방편이니 어쩔 수 없다. 바다사회에 밀려든 경쟁사회에 끼어들어 한 선단의 아내 몫을 당당하게 하기 위해 따라 나간다. 하루 두 갑이나 피우는 담배를 손가락에 끼워 들고 나서는 Y형의 모습이 대단하다. 장화를 신고 모자를 바로 쓰면서 앞장서는데 훤칠하게 큰 키에 비하여 작은 키이기에 그저 강아지 따라 나가듯이 따라간다. 한 오분거리 선창에 나가서 배에 시동을 걸고 새벽 공기를 가르며 헤쳐 나간다. 그는 늘 생각한다. 좋은 머리가지고 좋은 재능 가져도 태어나는 과정이 잘못되면 한 인생 왔다가 고생만 한껏하며 간다고 생각했던 것 같다. 그는 천생적으로 머리가 좋았는지 초등학교 다닐 때에 학급에서도 첫째가는 수준이었다. 그림을 잘 그려서 마을에서 연극 할 때 무대 벽면 배경그림을 물감 몇 개와 손수건 하나로 쓱쓱 문지르듯이 그려서 다 탄복하였다. 그뿐인가? 노래를 잘 했다. 군복무시 사단에서 개최한 노래 자랑에서 일등을 해서 특별 휴가를 받은 일이 있었다 한다. 원래는 우리 마을에서 좀 떨어진 이동면 출신인데 이곳 삼동면으로 이사를 왔다. 훤칠한 키에 인물도 잘났다. 할만한 일이 없으니 아버지를 따라 조그마한 배를 사서 돌 주복을 시작하여 오늘에 이르고 있다. 어장이 따로 있는것도 아니어서 자망을 사서 이곳 저곳에 투망하여 걸려든 고기를 잡는 일을 하면서 생계를 꾸려 나가는데 요즘와서 자신에 대한 신세 타령이 운명론적이다.

강장남 제3수필집

우리 아버지가 5분 컨트롤을 잘했으면 자신이 태어나지 않았거나 태어났다라도 다른 시차가 되어 그래도 공부라도 해서 공무원이 되거나 회사원이 되어서 이 찬 새벽에 그물 메고 작은 똑딱선 타고 팔자타령을 겸한 아내의 염장 지르는 소리를 듣지 않을텐데 하는 마음이었다. 그래서 늘 하는 말이 인생은 5분 결단이다 라고 탄식한다. 그러니 그게 아니잖은가? 인생 태어나는 과정도 하늘의 뜻이라는 걸 몰라서 그러는 거다.

PART 2

# 거짓말의 묘미

나쁜 줄 알면서 거짓말을 한다. 그런데 사람에게는 가지고 다녀야 하는 세가지, 첫째는 돈이요 그 다음은 우산 그리고 거짓말이라고 한다. 그 중에 거짓말이라는 묘미, 이것은 꼭 필요하다는 거짓말 그래서 "잘된 거짓말은 사돈보다 낫다"는 말을 하기도 한다. 거짓말도 두가지로 분류하는데 하나는 거짓말 사실을 사실로 말하지 않고 뒤집어 속이는 말이 있는가 하면 가짓말이라는 지어낸 거짓이 있다. 그런데 흔히 말하는 세가지 거짓말을 노인이 죽고 싶다는 말과 장사꾼이 밑지고 판다는 말 그리고 노처녀가 시집 안간다는 말이다.

우리마을 건너편 마을인 둔촌에 설날에 세배가는 집이 있었다. 거기는 당시로는 가장 오래 사는 할머니가 계셨다. 당시 연세가 여든이 넘었을 텐데 장수 중 장수다. 그런데 그 마을 청년이 세배를 하면서 "할매 올해는 죽어소" 하니, "오냐 이제는 가야지" 하고 덕담을 하고 난 다음 그들이 떠나고 난 뒤에 할머니가 구실렁 거렸다

강장남 제3수필집

"그놈의 자식 지가 나한테 떡을 주나 밥을 주나" 못마땅하게 여겼다. 당시 팔순이라면 요즘 백세에 버금가는 연세였다.

그 다음 아가씨들의 시집 안간다는 이야기다. 70년대 까지 아가씨 나이가 스무살이 넘어도 노처녀 축에 들어간다. 한 가정에 스무다섯을 넘긴 아가씨가 있었는데 줄줄이 밀고 드는 매파들의 소개는 아예 거뜰떠 보지 않아서 왜 그러냐고 하니까 자신은 시집 가지 않고 부모님을 모시고 살겠다고 하여 결국에는 부모가 총각하나를 소개하고 무조건 결혼을 추진하니 그럼 혼수물은 자신이 장만 하겠으니 돈을 달라고 하여 부산으로 갔다가 줄행란 해 버렸다. 결혼은 파토가 나고 그 다음은 딸의 생사를 알기에 급급했는데 도시에서 좋은 총각 만나서 혼인한다는 연락과 함께 안간다는 말의 거짓을 스스로 증거하는 꼴이 되었다.

장사꾼들의 거짓말은 대단하나 특히 시골의 소 장수들이다. 그들은 언필칭 "이 소를 팔아서 돈을 남기면 내가 이 소의 자식이다"라고 말한다. 그것도 다 거짓말이다.

그들보다 더 큰 거짓말장이는 우리나라 정치꾼들이다. 누가 뭐래도 정치하는 사람들이 진실해야 나라가 바로 서는데 최하 의회인

군의회에 출마힌 자들도 거짓말을 많이 한다. 이들의 거짓이 없어지고 진실이 전개하는 의정이 이뤄질 때 우리는 모든 사람들을 믿을 것이다.

PART 2

# 전 화

여보시오 미쓰킴 안녕하세요. 여기는 청파동 청년박이요. 지나간 일요일은 약속한대로 하루종일 극장 앞에 비를 맞으며 기다리게 하였으니 고맙습니다 // 여보세요 미쓰터 박 정말 미안해. 지나간 일요일은 감기 몸살에 하루종일 빈 방에서 쓸쓸히 홀로 여자 마음 몰라주니 야속합니다 // 여보세요 미쓰킴 정말 미안해. 아니요 박선생 천만의 말씀 닥쳐올 일요일에 단둘이 만나 아벡크는 대천바다 인천월미도 젊은날의 전화통신 즐겁습니다.// 전화통신이라는 가요 다 들어 만 보아도 당시 사회상을 알만하다. 사랑하는 남녀의 만남. 요즘 같으면 휴대전화 한통이면 해결될 일을 서로가 애태우면서 만나지 못함을 안타까워하는 일을 노래로 표현한 것이다. 그래도 이 젊은이들은 전화라도 할 수 있는 서울 사람들이다.

요즘들어 사람들이 하는 공통적인 이야기가 옛날 자신들이 살아온 시대적 환경을 빗대어 지옥에서 천국으로 이민왔다고 한다. 그렇다 50년대 쯤 살아본 사람들은 급변한 사회를 경험했기에 할 만한 이야기거리가 된다. 특히 사회 문화적으로 열악한 환경을 경험한 우리에게는 더욱 그렇다. 그런 중에서도 호롱불에 의지하여 살던 환경에서 전기가 가설되어 자연에 의한 삶의 영역에서 전기라고 하는 이기(利器)를 사용하게 되는 문화의 경험은 대단한 업그레이드였다. 누구에게나 공통적으로 가지고 있는 문화의 욕구는 더 나은 환경, 더 나은 이기의 추구이듯이 전기가 가설되니 전화에 의한 욕구 역시 대단하였다. 그래서 아쉬운대로 마을마다 한 대의 전화시대가 있어서 리장 집이나 구판장 등에 가설된 전화가 마을소식의 전달의 도구가 되었다. 그 중에 가장 강하게 어필하는 것은 객지에 나간 자녀들이 자기 부모나 집안 소식을 그 전화에 의해 들었다. 그런 때에 나에게 걸려온 한통의 전화, 600여미터의 거리를 달려가 전화를 받았다. 숨을 벌떡거리며

"여보세요" 하니

"선생님 안녕하세요" 한다. 귀에 익은 듯한 목소리였지만 생각이 나지 않아서

"누구세요" 하니

"선생님 저예요"

"누구지 하고" 다시 되물으니

"저 몰라요 ♪"

"아"

"목소리도 잊었지요" 오랜 추억이 담긴 예쁜 아이였다.

강장남 제3수필집

가을 깊은 날 가까운 찻집에서 만났다. 그동안의 인생 이야기 한참 나눈다. 꼭 빼지 않고 하는 이야기가 그동안 어디서 살았으며 아이는 몇이며 남편은 잘 해 주는가 하는 그런 이야기 끝에

"선생님 그때는 너무 막막했지요 사람 한번 만나려 해도……."
하며 웃는다.

요즘 전자 문화의 첨단산업이 얼마나 대단한지 세 살짜리 어린이들까지 폰을 가지고 다니거니와 그들에게 사용법을 배우니 그 수준이 얼마나 대단한지 기름하기도 힘든다.

"그래 말이야"

사실 우리가 사용하는 법을 손자들에게 배운다.

"그때 전화만 있었어도 선생님 만나 도망했을 테데"
하고 웃었다.

PART 4

# 인화(人花)

나는 처음 그게 무엇하는 것인지 몰랐다. 마을 사람들이 그것도 어른들이 몰려 와서 나름대로 판을 짰다. 너는 검사이고 너는 판사 너는 변호사다 하면서 비좁은 방이지만 서로 자리잡고 앉더니 가장 젊은 사람을 경찰이라 하고 범인 체포명령을 내렸다. 한 십분쯤 지났을까 며칠전 장가든 서객을 데리고 오더니

"범인 잡아 왔습니다"하고 인계한다. 그러더니 재판을 시작한다.
재판장으로 지정된 자가
"지금부터 며칠전 이 마을에서 일어난 도둑사건을 조사하겠습니다."
"먼저 용의자"
"예"
"이름은?"하니까
"김똘똘이입니다."
"이름을 바로 대도록 때려라"하니까

강장남 제3수필집

경찰역을 맡은 사람이 "적도 발내" 하더니 발을 꺼내고 흔든다.

" 다섯 대 "

그러나 발 밑을 두 대도 안되어 항복한다.

"오명철입니다 "

"니가 사흘전 이 마을을 흘깃거렸지"

"그런일은 없이 그냥 지나 갔습니다"

"허허 몇 대 더 맞이야 하겠네 다섯 대 채워라"

"아니아니 말씀드리겠습니다.

"그냥 지나가도 죄가 됩니까?"

"아직 매맛을 못 봤나 보구나 다섯대 더 때려"

그런식으로 계속 심문하여 결국에는 현장 탐문을 한다.

"그런데 그날 이 마을에 도둑을 맞았다. 그 실물을 가지고 간 사람이 너 이구나"

그러고 계속 폭행의 심문을 행하고 두 다리를 묶어서 한 사람이 어깨에 메고 발바닥을 때린다.

결국 항복하게 하고 도둑질한 물건을 고백한다. 인화라는 꽃을 훔쳐 갔다고 이실직고 하자 검사가 선고를 한다.

떡 세동구리 술 다섯말 그리고 안주 30인분 하자 변호사가 변론한다.

"다른 범인보다 일찍 이실직고 했으니 형을 낮추어서 떡 한동우리, 술 세말, 안주 20인분으로 하자고 변론하자 마지막 판사의 언도가 내린다.
 떡은 두동구리 술 두말 안주 20인분으로 한다.
 와 인화 한송이 값 비싸다 하면서 그날 개정을 끝이 났다.

강장남 제3수필집

PART 4

# 주 군

주군이라고 하면 왕이거나 이에 준하는 직책에 있는 사람애개 붙여주는 이름의 존칭어라고 할수 있다. 그보다 더 한가지 붙여 주고 싶은 이름이 있다. 酒君, 술을 잘 마시는 사람에게 붙여주고 싶은 이름이다. 요즘은 여자들도 감히 주정군 반열에 들려는 사람도 있지만, 마을마다 꼭 한 두 사람 이상 있다.

k씨의 집은 C마을에서 어장을 경영하는 집이기에 술이 없는 날이 없다. 그만큼 술이 필요한 사람들이 모이고 일하는 집이어서 술을 비워둘 수 없는 집이다. 항상 소주 한 상자와 막걸리 열병 정도는 준비되어 있다. 그래서 술을 좋아하는 주군들은 언제나 이집에 들려서 술을 마시기도 하지만 소주 한병 정도는 아예 가지고 간다. 그 중에 h는 그집 술이 자기 것이다. 아예 길 가다가 한 두병은 자기 것처럼 가지고 간다. 그래도 k나 그 가족들은 아무말 하지 않는다. 그런면에 상식화된 사람이기 때문이다.

그뿐인가? 술을 마신 다음 주사가 가지가지이다. 술을 마시기만 하면 그 술이 깰때까지 노래를 하는 사람이 있다. 유행가나 육자백

이 하다못해 타령까지 마구 생각나는 대로 곡조야 어떻던 술이 깰 때까지 떠들어 댄다. 아니면 남의 집을 뒤져서 술을 가져다 마시는데 때때로 내일 소에게 줄 뜨물을 술인줄 알고 마신다.

  오랫동안 소달구지로 사업을 하던 분들의 이야기 속에 때로는 술에 취하면 소변을 병에 받아 주어도 마신다고 한다. 술 마시기가 좋은 것은 현금이 없어도 마시고 나서 외상이라고 하면 상점 주인이 할말이 없다. P는 돈이 없어서 데리고 가던 아이를 잡혀 놓고 간 일도 있었다. 술이라는 요물이 저지르는 문제가 하나 둘이 아니다

  구약성경에서 노아 홍수 이후 포도를 생산하여 포도주를 마시고 취하여 옷을 벗고 잠든 것을 본 함이 이 일을 흉보고 그 사실을 알게 된 샘과 야벳이 아버지의 허물을 가려주었다. 술이 가져다 준 양면의 인간 모습을 교훈하고 있다. 술에 취한 아버지의 허물 만을 본 함의 모습과 그 허물을 가려준 두 아들의 너그러움, 결국 인간은 이 두 상황을 극복해야 할 존재로 살아간다는 생활존재의 본질성을 말해 주고 있다. 술이 가져다 준 인격적 괴리라고 보아야 할 것이다.

  술이 술이 되어 주는 이 양면적 문제는 이 세상 끝날까지 우리 인간사에 끼어서 독과 해와 쾌락의 주인공으로 공존할 것이다.

강장남 제3수필집

PART 4

# 임사체험(臨死體驗)

요즘 나오는 코메디 중에 자기 남편이 죽어서 영안실로 옮기는 중에 살아나서 일어나니 아내가 누우라고 해서 왜 그러냐고 하니까
"당신은 죽었으니 사체실로 가야 한다."는 것이다
"내가 왜 죽어?" 하니
"의사가 죽었다고 했으니 죽어라"는 말이다
그냥 웃으라고 하는 코메디의 한토막이지만 쓸쓸히 웃을 수 밖에 없다. 삶과 죽음의 거리가 그리 멀지도 않는데 생각하면 어쩐지 쓸쓸하다
좀 오래전에 정치망 어로장이셨던 큰외삼촌의 이야기다. 같이 일하던 젊은 선원이 오후 일을 마치고 자기 집에 다녀 온다고 갔는데 출발한지 얼마되지 않아서 그가 개울을 건너다가 실족하여 죽었다는 소식이 왔다.
그래서 조문까지 하고 왔는데 사흘째 되는날 그 사람이 출근을 해서 깜짝 놀랐다.
사연은 죽었는데 입관 직전에 살아났다는 것이다. 그의 말에 의하면 자신이 실족하여 작은 다리 밑으로 떨어 졌는데 누군가 자기를 따라오라기에 따라갔더니 너는 아직 올 때가 아니라고 해서 돌아왔다는 것이다. 이게 화제가 되어서 사람마다 만나서 술을 사고 저 세상 다녀 온 이야기를 듣느라고 옹기 종기 모이기도 하였다.

臨死體驗이라는 말이 요즘들어 자주 오르내린다. 그래서 이를 전문적으로 수집하고 연구하는 사람까지 등장하는 시대다.

만개를 먹어도 이승이 낫다며 떠들던 사람이 세상을 떠났다. 그렇게 악착스럽게 모우던 돈도 그렇게 사랑하던 작은 마누라도 자식 손자 다 두고 홀로 쓸쓸히 떠났다.

무엇을 했느냐가 문제가 아니라 어떻게 떠나느냐는 것이 문제인 인생이다.

강장남 제3수필집

PART 4

# 못 잊어 생각이 나겠지요?

"성님, 성님이 사랑했던 정희가 몇 달 전에 죽었답니다. 성님이 그렇게 사랑했는데 말입니다."

무슨 큰 뉴스나 되는 듯이 아니면 놀리기라도 하는 듯이 말하는 남식이의 말에 공수는 힘을 잃었다. 벌써 오십년이 넘어가는 이 시점에서도 어쩐지 그의 가슴 한쪽을 쓰리게 하는 말이 바로 정희에 대한 이야기다. 잊힐 수 밖에 없는 학창시절의 일이다. 정희라고 하면 당시 곧 공수가 고등학교 다닐 때에 많은 사람들의 입에 오르내리는 절세 미녀, 그가 사는 동곡리에서 한 3km 정도 떨어져 있는 다랑이 마을로 형성되어 있는 산 밑의 벽마을 죽림이다. 엄한 아버지 밑에서 순한 양같이 살아온 정희다. 그러니까 공수가 고등학교 2학년 때의 6월에 있었던 일이다. 그 유월이 하순께가 되면 지난해 가을에 심은 보리를 베어 내고 모내기를 하는데 그때쯤은 한창이다. 그러니 집집마다 사람이 모자라서 집에 있는 몽둥이도 일어나서 일을 한다는 그날, 공수의 옆 집 최 영감 댁에서 모내기를 하는데 못줄 잡을 사람이 없어서 공수에게 못줄을 잡아 달라는 부탁

· 42 ·

이 왔다. 당시 사정은 이렇게 되면 어쩔 방법이 없다. 특히 농번기라서 학교에서는 며칠간 가정실습 기간이라는 명목으로 쉬는 날이니 꼼짝없이 잡혀서 줄잡이로 하루를 보내야 했다. 종일 붙들려 일을 하는 것은 힘든 일이지만 모내기만은 젊은 새댁이나 아가씨들이 와서 같이 일을 하기에 그런대로 할 만 할 것 같다고 생각했는데 이외로 그 집에 모내기를 도우려고 정희가 온 것이다. 나중 알게 된 일이지만 그 집이 정희의 몇 촌 이모님 댁이어서 불러 온 것이라고 했다. 공수로서는 신바람이 나지 않을 수 없다. 평소에 사람마다 미인이라고 입에 입을 거쳐서 오르내리는 그 아가씨가 모내기를 도우러 온 것이다. 공수는 그날따라 보면 볼수록 그가 아름다웠고 가슴이 펄렁거렸다. 하얀 모시 적삼에다 까만 비단치마, 가지런이 잘 땋아 내린 머리, 통통한 가슴, 머리끝에 내린 빨강 댕기, 그렇다고 많은 사람들 보는 마당에서 무슨 말을 건넬 수도 없고 해서 못줄이 넘어갈 때에 일부러 못줄을 튕겨서 정희의 얼굴에 흙물을 묻혔다. 그때마다 얼굴을 붉히면서 씽긋 웃는 그의 모습 곧 당신의 뜻을 알겠다는 그 표정, 천사가 따로 없었다. 그가 바로 천사였다. 하루를 그렇게 가슴 조이면서 저녁 해가 서산으로 기우릴 때 일이 끝나 아무 일이 없었다는 듯이 각자 집으로 가고 왔지만 공수는 그날 밤 부터 잠을 이룰 수가 없었다. 어떻게 한번 만나서 이야기라도 할 수 있을까? 아무리 궁리를 해도 그 당시는 그런 일을 이루는 일은 하늘의 별을 따는 것보다 어렵다는 시대이기에 뾰족한 생각이 나지 않았

강장남 제3수필집

다.

　밤새 생각 끝에 춘식이를 만나자는 생각을 했다. 그는 얼마전에 이곳 학교 운동장에서 춘향전이라는 영화가 상영 되었는데, 그때 주인공은 이도령 역에는 이민, 춘향이는 조미령인 그 영화를 보고 그 조미령의 미모에 반해 일주일 동안 잠을 자지 못했다고 했다. "야이 미친놈! 영화보고 잠 못 잤다는 놈은 미친놈이다."라고 당당히 말했었는데 지금 공수가 그 꼴이 되었다. 저녁이고 아침이고 학교에 가서도 정희 생각 뿐이였다. 어떻게 해서 한번 만날까? 하는 것이 그의 일과였다. 아무리 생각해도 뾰족한 생각이 없었다. 그런데 전혀 길이 없는 것은 아니었다. 춘식이가 어찌 눈치를 챘는지 "너 자식 고민 있지 뭐야 말해봐?" 하고 무슨 수사관이라도 되는 듯이 어디든지 하다못해 화장실 까지도 따라와서 치근거렸다. 수업시간에도 그러다가 선생님께 꾸중을 듣기도 했다. 그래서 할 수 없이 자초지종 자신이 정희를 사랑한다는 말을 쏟아 놓았다. "편지라도 보내고 싶으나 방법이 없다고 하자 일 년 후배인 정실이가 그의 동생이라는 정보를 주었다. 공수는 당시 학교에 늦게 진학하여 자신보다 세 살 정도 낮은 아이들과 동 학년이었기에 정실이는 훨씬 나이가 적지만 한해 아래다. 오뉴월 하루 볕이 무섭다는 데 그가 자기 말 안들을 것인가? 하고 무슨 신대륙이나 발견한 한 듯이 소리치며 좋아했다. 그래서 작전계획을 세웠다. 한참 배 곯으며 학교에 다닌 때이기에 그래도 여유가 만만한 그는 그 동생을 유인하기로 했다.

그래서 밤새도록 편지를 썼다. '오! 사랑하는 그대여 나의 천사여"로 시작하여 자신의 생각이 다다르는 모든 미려사구를 동원하여 편지를 써서 주머니에 잘 접어 넣어서 학교로 갔다. 수업이 끝나는 오후시간 정실이를 불러서 만났다. 선배가 오라는데 어찌 피할 것인가? 약속한 장소인 빵집에 슬그머니 나타났다. "배고프지 빵 많이 먹어라." 마파람에 게눈 감추듯이 막 먹어대는 그에게 계속 빵을 시켜 주고는 "너 말이야 이 편지 너의 누나에게 전해 주어라 별말 쓰지 않았다. 할 수 있거든 답장도 받아 가지고 오라"고 그랬는데 "형 우리 누나 좋아 합니까?"한다. 아 요놈이 한 술 더 뜬다. 답장을 꼭 받아 가지고 오겠다던 정실이는 사흘 나흘이 지나도 반응이 없다. 그러고는 학교에 떠도는 새로운 신조어가 생겼는데 그게 바로 자신이 편지에 쓴 "오 사랑하는 그대여 나의 천사여" 하는 말이었다. 온 교실에서 여학생들까지 "오 사랑하는 그대여 나의 천사여" 하면서 쿡쿡거리며 웃어댄다. 오만딩이 국어 선생이 이 말을 듣고 어디 써잘데 없는 놈이 이런 치사한 말을 했어 할 정도였다. 정실이와 춘식이 이놈들이 짜고 편지를 뜯어보고 전하지 않고 온 학교에 이 말을 퍼뜨린 것이다. 일차 공략은 여지없이 무너졌다. 고놈들을 잡아서 뜯어 놓고 싶지만 그러다가는 영영 깨어질 판이기에 모르는 척 하고 다시 궁리를 했다. 좋은 수가 있다. 그때에 역시 그

마을에서 같은 학교에 다니는 후배 여학생이 있었다. 당시는 남녀 공학이 되어서 재미있기는 했지만 누구하나 정희를 닮은 그 수준의 여학생은 없었다. 눈에 헛 그물이 씌인 것이다. 그런데 듣기로는 그 아이 춘심이가 자기를 좋아 한다고 했다. 씨알도 안 먹힐 일이지만 이때다 하고 학교 뒷 교실 앞에서 그를 불렀다. "이 편지 잘 전하고 해답을 받아 오면 너와 친할께" 하고 꼬들거렸는데 보통 이런 일은 하나의 모험인데 어쩐지 그 아이가 순순히 받아 들여서 드디어 기다리던 해답을 받았고, 그런 후로는 시냇가에서 대나무 숲에서 잔디밭에서 만나고 사랑을 속삭였다. 너무나 행복한 나날이었다.

공수의 이 재미를 눈치 챈 춘식이가 자기들도 어울리자고 마구 졸라 댔다. 남의 편지 뜯어서 내용을 공개한 일을 생각하면 들어 줄 수 없는 일이지만 깊은 밤에 정희 혼자 무서운 밤길을 오는 것 보다 친구들 몇 사람 어울리면 좋을 것 같아 종삼이 까지 끼워서 같이 가기로 하고 정희도 자기 친구 두 명을 데리고 오도록 하였다. 그렇게 해서 한번 재미있게 놀아 보자고 약속을 한 것이다. 그날처럼 긴 하루는 없었다. 죽림마을 부근까지 신바람 나게 갔다. 초생 달이 사라질 무렵이고, 모깃불을 피워서 온 마을이 연기로 뿌옇게 보일 때, 저곳에서 사람의 정체가 보이기 시작했다. 언뜻 보기엔 친구 중 한사람이 아가씨를 만나기 위하여 먼저 와서 다른 골목으로 가고 있는 듯 하고 다른 편에서는 아가씨들의 속삭이는 듯한 음성이

들려왔다. 그 춘식인 듯한 사람이 담 모서리에 몸을 기대고 서 있어서 다른 사람에게 들킬 것 같아 담 벼랑에 붙어 있는 줄 알았다. 살금살금 기어가듯이 하여 이쪽 모서리에서 기대서 그 사람의 귀에 대고 "춘식아" 하고 부르니 대답을 하지 않아서 조용히 그 귀에 대고 "저기 오는 애들이 그 애들이지" 하자 대답 대신 주먹 한방이 사정없이 날아 와 야무지게 맞았다. "네 이놈 또 우리 딸에게 치근거리면 너는 죽는 줄 알아" 그 사람이 바로 정희의 아버지였다. 동시 다발적으로 튀는 일 밖에 생각이 나지 않았다. 나중에 안 일이지만 정희가 데리고 온다는 그 친구 용심이가 이 사실을 자기 어머니에게 귀띔한 것이 그 어머니가 정희 아버지에게 고자질 한 것이다. 이 후로는 그 부모의 지독한 감시 때문에 만날 기회를 찾지 못했고, 공수는 대학에 진학하여 도시로 나가므로 만날 기회를 가지지 못했다. 방학 때라도 그 이모 집에 놀러 왔으면 했으나 다 헛된 기대가 되고 말았다. 군에서 제대하여 대학에 복학 했을 때 한 장의 편지를 받았다. "오빠 저 시집가게 되었어요. 아무리 기다려도 우리는 안 되는가 봐요. 오빠와는 인연이 아닌가 싶어요. 부디 행복하게 잘 살아요" 그가 시집가는 날 몰래 예식장에서 그를 훔쳐보았지만 신랑 자식 모습이 마음에 걸렸다. 노리 탱탱한 저 녀석 아무래도 정희를 행복하게 못할 텐데 정말 아깝다 아까워 혼자 중얼거리며 돌아왔다. 그때 유행하던 노래 '사랑하는 그대 남의 아내 되어 떠나가는 날(I am to you Wedding)' 하는 그런 노래를 혼자 부르며 울었다.

강장남 제3수필집

그리고 그가 좋아하는 김소월의 시 "못 잊어"를 늘 외우곤 하였다.

못잊어 생각이 나겠지요. 그런대로 한세상 지내시구려. 사노라면 잊힐 날 있으리라.

그때 헤어져서 결혼해서 잘 살길 빌었는데 육십도 못되어 저 세상으로 갔다니 정말 할 말이 없었다. "야 그 해 맑고 아름다운 얼굴 정말 보고 싶고 사랑했던 얼굴이었네. 술을 마실 때마다 그때 일을 생각하면 영원히 잊지 못할 사랑이었네" 사랑하는 정희야! 그는 혼자 소리 높여 울었다.

PART 4

# 조개 껍데기 아가씨

　지금 그 아가씨가 어디쯤 살고 있을까? 아니면 이 세상을 떠나 버린 사람일까? 종종 바닷가를 거닐거나 조개 껍질을 보면 그의 생각이 머리에 머문다. 바닷가에 살아 보지 않은 사람은 경험할 수 없는 조개 껍질의 삶이다.

　지천으로 만날 수 있는 조개 껍질이 어린 시절 주 놀이개다. 고운 것은 고운 대로 작은 것은 작은 대로 큰 것은 큰 대로 우리가 거적을 깔고 만들어 놓은 살림살이 주방의 그릇이다. 요즘처럼 금수저나 은수저가 아니라 그냥 수저이고 밥그릇이고 솥이다. 어쩌면 인간을 가장 곤혹스럽게 하는 금은 수저론의 주물이 아니고 순수한, 참으로 그 어떤 것으로도 비교되거나 가치를 따질 것 없이 우리의 동심을 한껏 즐겁게 하던 살림살이의 주인공이었다. 남자는 으레 남자 또는 신랑이고, 여자는 아내이거나 신부다. 그게 얼마나 재미있었든지 때로는 해 지는 줄 모르고 놀다가 어둑해지자 집으로 돌아왔는데 이게 초등학교 시절엔 방학 과제물로도 쓰였다.

세월이 흐른 다음 다시 조개껍질의 인연을 가진 것은 바둑을 배우면서였다. 군 복무 중 휴가로 집에 와서 바둑판 하나를 만들고 흑돌은 검은 몽돌을 이용하였는데, 문제는 백돌이 없어서 얼핏 생각난 것이 송정 해수욕장에 하얀 조개껍질을 바둑알로 쓸 만한 것이 있는 것을 4H 야영회에 갔다가 본 기억이 나서 그곳을 간다고 막연하게 여객선을 탔다. 생각으로는 초전 마을에 P형이 어선의 기관장을 하기에 그를 만나면 될 것이라는 생각으로 갔는데 그가 묵고 있는 집으로 가니 아마 여수로 간 것 같다고 하여 집으로 돌아올 수 없어 난감해 하니까 그냥 하루 묶고 가라고 권하여 하룻밤 신세를 지기로 하였다. 그 집에는 가족이 노모와 그 딸과 중학교 다니는 아들, 이렇게 세 식구가 사는 단란한 가정이었다. 어쩔 수 없이 그날 밤은 하룻밤 신세를 지게 되었고 아무래도 박 형은 며칠 지나야 올 것 같아서 사실대로 이야기하니 아가씨가 자신이 안내해 주겠다고 하여 다음날 같이 송정 해수욕장으로 갔다.
　첫 겨울 해수욕장은 텅 빈 광야 같았다. 이 끝에서 저 끝까지 바둑알이 될 만한 조개껍질을 모았다. 마땅히 넣을 도구가 없어서 곤란해 하는 나에게 아가씨가 목에 두른 목도리용 수건을 이용하라고 하여 그것에 가득 담고 마침 남해읍으로 가는 버스가 있어서 그 편을 이용하기로 하고 버스에 올라 차창 밖을 내다보니 헤어지기 아쉬워서 흔드는 그 손에 답례의 손을 흔들어 주고 돌아왔는데, 그 후론 그 아가씨를 만날 기회가 없었다. 제대하여 돌아오니 결혼을 해서 그 마을을 떠났고, 그 목수건은 끝내 돌려주지 못한 아쉬움이 아직도 삶의 여운으로 남아 있다. 지금은 어디서 무엇하고 있을까? 조개껍질을 볼 때마다 클로즈업 된다.

강장남 제3수필집

PART 4

# 냇물이 많으면 산길로 오지

여름 장마철이 오면 우리 마을 초등학교 학생들은 학교 가는 길이 막연하다. 삼화천 냇물이 불어나 다리가 없던 시절이라 징검다리 건너기가 여간 어려운 일이 아니다. 우산이래야 마을 전체에 그것도 기름 먹인 종이로 만든 우산이 하나 있을 둥 마는 둥 하던 때라 삿갓을 쓰지 않으면 때로는 통째로 비를 맞고 등교를 해야 했다. 이 지역적인 여건이 등교하는 우리에게 좋은 일이면서 때로는 불편 상황이었다. 좋은 일이라면 그 핑계로 하루를 집에서 쉬는 일이다. 공부해서 남 주는 일이 아니더라도 학교를 하루쯤 쉬는 일은 참으로 명쾌한 일이다. 그게 피교육자의 심리라는 것을 어른이 되어서도 종종 느낀다. 어떻든 다음날 출석을 부르는 시간에 어제 왜 학교에 오지 않았느냐고 하면 비가 너무 많이 와서 내를 건널 수 없어서 못 왔다고 하면 그냥 넘어가는 것이 예였는데 사실 꾀를 부려서 그렇지 꼭 가겠다는 의지만 있으면 갈 수 있는 길이 있었다. 그 길이 바로 산길이다. 냇물을 건너지 않고 산을 돌아서 가는 길이다.

우리 마을 금천에서 서쪽 모서리를(서토 몬티) 돌아 담배점을 지나서 도림으로 가는 산길이 있다. 다른 선생님들은 외지에서 왔기에 이런 길이 있는 줄 몰라서 비만 내리면 우리 마을 학생들은 결석하는 것이 불문율이었는데 그래서 비만 내리면 그냥 학교를 휴일처럼 지나왔는데 그런데 이 길을 아는 분이 부임하였다. 도림마을에 사시는 이순원 선생님이었다. 우리 마을하고 가까이 사는 탓도 있지만 이 숨겨진 미로와 같은 길이 있는 줄 그분은 알고 있었다. 그래서 우리 마을 학생들은 그분이 담임되는 것이 가장 싫었다. 그런 줄 모르고 "어제 왜 결석 했어." 하는 물음에 비가 많이 와서 냇물을 건너지 못해서 못왔다고 하니 "냇물이 많으면 산길로 오지." 하고 종아리 몇 대를 때린다. 우리의 유일한 비밀 통로가 들통나고 그 선생님은 너무 엄해서 매를 자주 들었다. 작은 키에 머리가 곱슬머리여서 요즈음 같으면 퍼머를 한 머리 같은데 모두들 꼬시락머리 선생님 또는 아예 꼬시락쟁이라고 부르기도 하였다. 학교 안에서도 무서운 선생님으로 이름나 있으니 핑계 댈 방법이 없었다.

박경도라는 선배는 우리 마을에 살지 않으면서 비 내리는 날 등교를 하지 않고 그 다음날 학교에 갔다가 왜 결석했느냐고 묻는 그 선생님께 비가 내려 냇물이 많아서 오지 못했다고 우리 마을 학생들이 그 말로 매를 피하는 것을 보고 그대로 말했는데 이를 아는 선생님의 이야기가 "냇물이 많으면 산길로 오지. 급장 몽둥이 가지고

강장남 제3수필집

와." 하고 가중 처벌을 받은 웃지 못할 이야기가 있어서 걸핏하면 "급장 몽둥이 가지고 와" 하는 말이 학교에 유행어로 떠돌던 때가 있었다. 그래서 우리 마을 학생들이 삼화천 냇물을 핑계하고 비 내리는 날 결석하는 일을 그만두게 되었다. 지나간 이야기이지만 그분의 그 한마디는 요즈음 회자되고 있는 블루오션(bleuoean)과 너무 닮은 이야기다. 인생살이 길이 전혀 없는 것이 아니다. 길을 찾으면 반드시 열리게 되어 있다. 입지전적(立志傳的)인 사람들의 삶이 그랬다. 당시는 그냥 그렇게 들리던 그 말이 요즈음 와서 더 우리 가슴을 두드린다.

# 후반전 인생

강장남 제3수필집

PART 3

# 후반전 인생

티브이에서 가장 흥미롭게 시청하는 프로가 스포츠중계다. 그 중에서 좋아하는 축구경기다. 축구 경기 가운데 한일전이다. 한동안 그들의 지배 아래 있었던 역사 때문인지 항상 관심이 깊다. 진행자의 힛슬과 함께 전반전에 열였는데 우리가 먼저 한 골 먹어서 화가나서 채널을 다른 곳으로 돌리고 드라마를 시청하기는 해도 경기의 진행상황이 궁금하여 다시 채널을 돌리니 그동안 우리도 한골 넣어서 1:1의 스코어였다. 손에 땀을 쥐고 텔레비전 안으로 뛰어들듯이 시청했는데 후반전에서 우리가 한 골 넣어서 이겼다. 그때의 통쾌함 두손들고 만세한다. 축구경기만 아닌 것 같다. 뭔가 모르게 일본에게 뒤지고 있다는 심리에서 그들을 박차고 일어서는 기분이 곧 하나의 승리의 쾌감으로 연결된 것이다. 후반전의 통쾌함이 억눌렸던 과거사를 밀어 재끼는 기분이었다.

스포츠에서만 그럴까?
지금 우리는 후반전의 경기장에 서 있다. 거울 앞에 서면 언제 물

들여졌는지 하얀 머리가 프로테이지를 반 이상으로 넘어가고 있고 불청객의 주름살 점점 면적을 넓혀가고 있다. 이것이 이미 인생 후반전의 프로그램으로 기록되는 것인가?

우리를 그냥두지 않는 세월의 프로그램에 바람처럼 끼워놓는 것이다. 그래서 노인대학에 온 K강사는 老人으로 살지말고 老忍으로 살자고 제의를 한다. 형세를 하지 말고 자기인에 참음을 경험하자는 말일 것이다. 곧 생각을 바꾸고 살자는 이야기다. 과거라는 자기 독트린에 갇히지 말고 과감하게 자신의 룰을 만들어 가며 살아가자는 말이다. 못배운 자기 한을 메꾸기 위하여 과감하게 자식에게 투자했던 그 힘을 다시 인격의 투자로 변신하여 사회에서 존경받는 자신을 만들어 가자는 것이다. 그래서 몇가지를 제안한다.

첫째는, 겸손하자는 것이다.

내가 어른이라는 우월감보다 다시 태어나는 나를 만들어 가자는 것이다. 겸손은 성공의 깃들이다. 그러기에 첫째도, 둘째도, 셋째도 겸손의 옷을 입고 아이처럼 자신을 낮추고 살아가자는 것이다. 교만이라는 패망의 앞줄에 서지 말자는 것이다.

그 다음은 인사를 먼저 하자는 것이다.

인사는 한자로 人事 곧 사람의 일이다. 사람의 됨됨이가 사람을 만나면 먼저 인사하는 일이다. 가축들도 떨어져 있다가 만나면 먼저 입을 맞추고 냄새로 자기 종족을 구별한다.

　세번째는 먼저 본 사람이 먼저 하자는 것이다.
　아직도 우리 사회는 과거에 가지고 있던 양반주의의 그것도 양반 우월주의 요즘 말로는 금수저, 흙수저 하는 차별적 인식에 머물러 있다. 이 사실을 벗어버리는 일이 바로 솔선수범하는 일을 잊지 않는 것이요 이를 스스로 먼저 실천하는 인성을 갖자는 것이다.

　나이가 60세가 넘으면 후반 인생이다. 후반전 자카르타 축구 경기에서 지고있던 우리 팀의 교체 선수인 김재환의 헤딩골로 통쾌하게 이겼던 그날의 승전보처럼 우리 인생의 빛나는 후반전이 되자.

PART 3

# 나들이

　인생은 나들이로 일생을 살아간다. 부모님 곁에서 어리광으로 살다가 초등학교에 입학하면서부터 항상 새로운 나들이로 산다. 그 나들이가 가장 왕성할 때가 이십대 그때는 이발을 해도 머리에 포마드를 바르고 멋있게 드라이 하는 이발관을 찾는다. 때로는 십리길을 마다 않고 다닐 때가 있었다. 당시 이발이래야 거의 같은 컷트에 불젓가락 같은걸로 고데를 하고 적당히 드라이를 해서 포마드를 바른다. 머리에 파리가 앉으면 미끄러진다는 우스개 소리를 하면서 뻔질나게 외출을 하고 그것이 하나의 멋이었다. 한번은 군입대전의 마지막 점검인 신체 검사(징병 검사)에 갔다. 초등학교 모두를 징병검사장으로 하여 거의 천명의 미래의 나라지킴이 병사들이 모여 들어 줄이 세워지고 조교로 부름받은 일 이등병이 우리를 상대를 하여 군기를 잡는다. 군기래야 "앉아" "서"를 몇 번씩 반복하면서 그들의 일꺼리를 열심히 하고 우리는 그들의 거들먹거림의 군기에 잡힌다. 그때에 그 현장 참여에 지각을 하는 한 사람 머리가 반들반들 하면서 무슨 멋이라도 내는 듯 참여를 한다. 연병장에 모인 미래 병사들이 가소롭다는 듯이 웃었는데 그날 교관들의 기압은 그에게 집중되어 계속 지적을 받고 운동장 몇 바퀴의 기압을 받았다. 그는 그날 모든 검사가 끝날 때까지 기합 표적이 된 것이 머리 때문인지 모르는 것 같았다 "갑종 합격" 그날의 로망 군호다. 주변에 같이했던 동료들이 다 그 군호를 소리 높여 외치고 퇴장하였다. 훗날 그때 징병 검사한 동료들이 월남 참전병이 되어 국가 건설에 이바지한 일을 두고두고 기억할 일이다

  같은 젊은이들로서 당시 아가씨들도 한 가지로 멋을 부리는데 많은 힘을 쏟았다. 얼기미 빗으로 빗은 머리를 곱게 땋아 내려 마지막으로 장식하는 동백기름 그때 최고의 머리 관리다. 얼굴에는 좋은 크림을 바르고 빨간 립스틱으로 멋있게 꾸미는데 이를 보고 노인들은 쥐잡아 먹은 입이라 하며 경멸하였다. 물 흐르듯이 밀려오는 문화의 변천을 감지하지 못한 탓이다. 그런데 그때 처녀들의 유일한 나들이는 순회영화관이지만 그건 가끔 있는 일이다. 그리고 상영시간이 밤이기에 어른들의 허락이 쉽지 않았기에 낮에 가능한 나들이는 지금은 갯벌체험이라고 하는 개발이다. 갯벌에 자라는 조개류를 어느정도 가두어 두었다가 이를 캐도록 개방하는 일에 참여하는 것이다. 바다쏙잡이나 바지락 캐기 등으로 바다를 개방하면 처녀들이 가장 앞장 서서 몰려 간다. 그때에 잘 차려입고 예쁘게 꾸미고 바래 도구를 챙겨서 즐거운 맘으로 참여하여 많은 개발 캐기를 한다. 그

때는 그들에게는 최고의 나들이였다. 이제 노인나들이로 변한 세월에 젖는다.

강장남 제3수필집

PART 3

# 강참봉 어른

　삼동면 봉화리는 삼동면의 중심지였다. 그때 행정관서가 있었고 모든 모임의 중심이었다. 사람이 모이는 곳에는 반드시 그 마을을 휘어잡는 인물이 있었다 힘이 세거나 학문이 탁월하거나 위세가 등등할때에 일어나는 자생적인 위력의 사람들이 있기 마련이다 8.15 광복을 기회로 한 격동의 시대에 유일하게 우세적 존재로 군림하는 한 사람 그분을 강참봉이라고 하였다 본명은 강학우인데 힘이 세고 기골이 단단한 분이었다. 그래서 사람들이 모여서 즐기는 곳이 있다. 지금은 정자 나무 숲으로 아우러져 있는데 얼마전만 하여도 거기에 오층 석탑과 들돌이 있었다. 신라시대의 석탑이어서 귀한 유품인데 60년대에 도난 당하였다. 백방으로 찾으려 해도 찾지 못하여 지금은 모조품을 대치해 두었다. 봉화 물건 동천 금송 지족 난음 영지의 중심지면서 당시 이름깨나 하는 사람들이 모여서 술판을 벌이는 양반들의 놀이터였다. 그래서 제삿날이거나 잔치한 다음 음식을 대령하여 즐기는 그 자리 꼭 한 사람 요즘말로는 두목격의 인물이 있었다. 그를 향하여 강참봉이라고 했는데 아무리 잘 차린 잔치라도 강참봉의 허락이 없으면 모두 파쇄된다. 강참봉, 참봉이란 단어가 우리에게 생소하게 들릴 만하다. 조선시대에나 통용되는 단어쯤으로 생각하는 사람들이 많다. 그러나 참봉의 직책은 조선시대 여러 관서에 두었던 종9품직의 벼슬로서 관상감, 군기시, 군자감, 내의원, 돈년부, 봉상시, 사역원, 사옹원, 사재감, 사직서, 선공감, 소격서, 예빈시, 오부, 전생서, 전연사, 전옥서, 전의감, 제용감, 종친부, 혜민서, 활인서, 각릉(各陵), 각원(各園), 각전(各殿) 등에 소속되어 있었다. 초기에는 9품관을 두지 않았다가 1466년 (세조12) 1월 관제개정 때 9품관을 모두 참봉이라 했으며 제릉(諸陵) 전직(殿直)도 참봉이라고 불렀다.

1874년 우의정(右議政) 박규수(朴珪壽)는 숭덕전(崇德殿) 참봉 (參奉)이 60삭(朔)으로서 즉 60개월을 봉직하면 6품으로 오르도록 장계(狀啓)를 올려 임금의 윤허를 받아낸 사실이 있듯이 품계를 6품으로 올려 주었다는 것은 그만큼 중요한 직책이기도 하다.

문제는 그가 누구인가 이다. 그가 사는 곳은 금천 마을이요 본 원천은 둔촌 대오네 후손이다. 힘이 세기로는 장사급이요, 늘 그를 따르는 호위병을 한 사람 데리고 다녔다. 자기의 말로는 스스로 자원하여 따라 다닌다 하여 누구냐고 물어 보면 "내 종놈일세 저놈에게 술을 많이 먹여서 달아나게 해 주게" 하고는 그를 밀치다 싶이

강장남 제3수필집

하여 떠나는데 언젠가 다시 따라 붙는다. 알고보니 참봉 영감은 이곳에서 항일운동을 했다. 지하 조직을 만들어 경찰서를 파괴하는 모의를 하는데 이 사실을 밀고한 사람이 있어 1933년 11월 12일 체포 당하여 형사령 위반이라는 죄목으로 남해경찰서에서 약식 재판으로 벌금 20원 언도를 받고 그 벌금 대신 5개월간 유치장 생활을 한 후에 요시찰인물로 지정되어 항상 감시를 받아온 것이다. 독립운동에 전생애를 바쳤는데도 기록에 누락되어 아무런 혜택을 받지 못했다. 결혼은 했어도 자식이 없어 양자를 들이고 혼자 정의를 외치며 살다가신 어른이다. 그런 애국자를 도우지 못하였고 국가도 알지 못하다가 근간에 밝혀졌지만 지금은 그의 산소를 관리하는 사람이 없는 쓸쓸한 애국자이다.

PART 3

# 지각 인생

좀처럼 잘 듣지 않는 지각이라는 용어는 시골 학교에 잘 쓰이는 용어다. 시계가 없는 집에서는 대략 해나 그 그림자를 가름하여 시간을 짐작하는데 교회가 들어오면서 부터는 교회의 종소리에 맞추어 시간을 짐작하고 주부들이 일어나 아침을 지어 먹여서 아이들을 학교에 보낸다. 그러나 시간 맞춰 보내도 장난하고 놀다가 지각을 하는 경우가 있다. 햇빛이 있는 날에는 햇빛을 가름하지만 구름이 끼이거나 비가 내리는 날에는 그마져 가름되지 않아서 지각을 한다.

우리 마을에서 학교가는 길에는 긴 논두렁 개울이 있어서 개울에는 붕어, 은어, 피라미, 새우등의 고기들이 종종 잡힌다. 지역적으로는 바닷가이기 때문에 민물고기를 먹지 않지만 잡는 재미로 몇시간을 보낸다. 처음에는 손으로 잡다가 책보를 풀어서 잡기도 하고 수단 방법을 가리지 않고 몰두하다 보면 시간 가는 줄을 모른다. 그리고 재미있다. 길가에 간이 웅덩이를 만들고 잡은 붕어를 그기에 살려 두고 또 잡는다. 그때 모인 36년생 강춘복, 이동진, 강덕성, 강춘덕, 김천석, 김천수, 주옥만 모두 모여서 한바탕 붕어 잡이 어군이라도 형성한 듯이 재미있게 놀았다. 그날이 구름끼인 날이니 해가 어디쯤 뜬줄 모르고 놀다가

"이제 학교 가자."고 동진이가 앞서자 모두 책보를 챙겨들고 학교로 향한다. 삼화천 담배점 앞 징금다리를 건너서 십이골 지난다. 그리고 동사거리를 지나서 만나는 다리(지금은 동천교)머리에 오니 학교 뒤 운동장에서 선배인 강덕기가 빨리 오라고 손짓을 하니

"저 형님 우리 부려 먹으려고 부른다고 더 천천히 걸어서 학교에 가니 벌써 점심시간이 지난 교시였다 모두 한반이니 교실에 들어서니 한참 가르치던 담임 선생이

"이놈들 왜 학교 왔어" 하고 "집으로 가" 한다. 그래서 쫓겨 나왔다. 모두 집으로 향하여 돌아 왔다.

학교를 벗어난 모퉁이 길쯤 오니 학생들이 부른다. 그러나 뒤도 돌아 보지 않고 와 버렸다. 그래서 다음날 학교에 간 사람들은 다 호되게 벌을 받았지만 춘복이는 두 주간 결석을 해서 담임이 찾아 와 사정 사정 해서 다시 등교를 했다.

종종있는 지각생 중 학생 몇 명이 이유없이 등교를 하지 않아서

찾아가니 다리 밑에서 놀고 있었다. 붙들어 학교에 데리고 와서 물으니 어쩌다 집에서 늦게 출발하여 지각이 두려워서 아예 놀아 버렸다고 한다. 그 죄로 화장실 벌청소를 하기도 하고 매를 맞기도 했다.

학교 지각생 못지않게 결혼 지각생도 있다. 우리 시대에는 아가씨의 나이가 스무살이 넘으면 노처녀라고 해서 부모들이 서둘러 결혼을 시키는가 하면 매파들이 몰려든다. 그런데 지금은 자유시대라는 미명으로 40대가 되어도 지각이 아니라고 우긴다. 그러나 중요한 건 인생 지각생이 될까 하는 것이다.

PART 3

# 먹기 내기

가장 어리석은 게임을 먹기 내기라고 한다. 그래서 기인 가운데 한 사람이 친구와 함께 시장을 지나다가 떡장수를 만났다. 마침 출출 하기도 하여 꾀를 낸다. 지금 가진 돈으로 같이 먹기는 모자랄 것 같고 혼자서 먹는 방법으로 먹기 내기를 제의한다. 떡 50개를 먹는 내기였다. 떡 50개를 먹는 사람 떡 값을 구경하는 사람이 내는 것이요 그렇지 않으면 먹는 사람이 내기로 했다. 결과는 20개만 먹고 항복하고 떡 값은 자기가 내고 가자고 했다. 내기에 기대를 길었던 친구들이 허탈한 웃음을 웃었다는 이야기다.

여름이 되면 가장 어필하는 먹거리는 아이스케키라고 하는 얼음과자다. 가까이 지족에 공장이 생기고 상자를 맨 판매원이 도시 뒷골목처럼 아이스케키 하고 외치고 다닌다. 누군가 하고 봤더니 우리 마을에서 이사간 Y였다. 즐거운 마음으로 맞고 그의 상자를 다 털었다. 곧 순식간에 다 팔았다. 그런데 대뜸 S가 우리 내기 한번 하자고 제의하였다.

내가 저 아이스 케기 오십개 먹기 하자
"나 자신있다" 한번 하자. 그래서 모두 몸을 챙겨서 지족 아이스 케끼 공장으로 갔다.

하나 둘 세고 S는 먹기 시작하였다. 그리고 K는 막대기를 모았다.

스무개를 모은 다음 먹다가 지쳐 항복을 한다. 그는 먹는 것에 도전했다가 멋있게 진 것이다.

부산에서 생활하는 동안 만난 것이 동아극장 앞에 있는 석방고 아이스케키 본점이다. 어떻게 제조되었는지 모르지만 그 맛은 종래의 빙과류의 틀을 벗고 맛이 입에 쩍쩍 붙었다. 그래서 그 점포가 문전성시가 되고 내기로 만원이었다. 날씨가 계속되는 폭염이니 얼음과자계의 선두주자 였던 그때의 빙과제품이 입맛을 돋운다. 추억의 그때 그맛이 세삼 그립다.

강장남 제3수필집

PART 3

# 금천 체험마을

"남어(남해어협) 제1호
소화 16년 9월 30일
남해어업 조합 이사
각 부락 계장 전
합계 어종자 및 운임대 징수위 건
수제의 건에 관하여 蛤 종자 및 운임 대 징수의 건
수제의 건에 관하여 합대금……. (略)

갯벌 운영에 관한 공문이다. 우리 마을에는 옛날부터 마을 공동체 운영을 협의체로 운영하였다 그래서 마을 운영이 상당히 발전적이었다. 喪이 나면 모두가 자기집일을 다 중지하고 도우는 일에 전념하였다 상도계의 제 일조에 보면

"인어 초상하야 계원일동이 무류 출근 하여 부위급 운손 매장을 일심으로 행할 것" 등으로 기록되어 있는 것 보아 상당한 조직력으

로 활발하게 활동하여 상부 상조했던 흔적을 볼 수 있다. 지금은 전기가 가설되어 다 밝지만 전기가 없었던 때는 집집마다 호롱을 가지고 와서 온 집을 밝혔다. 이런 협동정신이 지금에 이르게 되었다.

요즘와서 바닷가에 소재한 마을에 유행하는 갯벌체험 마을의 유행이다. 옛날에는 편개(邊契)라고 하여 1932년에 조직이 되어 마을 갯벌을 운영하여 해마다 한두번씩 개방하여 조개류 캐는 것을 허용하되 사용료를 받아서 마을의 기금으로 활용하던 것이 요즘 와서 갯벌 체험장으로 이름을 바꾸고 젊은이들이 이를 운영하고 있다. 그냥 방치하거나 통제하지 않고 할머니나 아줌마 그리고 유치원 초등학생들이 모여서 갯벌을 체험하여 조개류를 채취한다.

특히 우리 마을에는 갯벌을 두 파트로 나누어 사용한다. 동쪽에는 石邊으로 주로 바위 해산물이 생산된다. 해삼, 멍게, 미역, 청각, 우뭇가사리, 톳 등이고 서편에는 모래 갯벌로 바지락, 우럭, 백합, 메밀고동, 약고동, 불통조개, 맛, 가래맛, 우럭, 새조개, 키조개, 바다 다슬기, 개조개, 떡조개, 소라 등이고 해말류로는 진질, 파래 등으로 풍요하다. 이 갯벌장을 갯벌 체험장으로 개방하여 운용하고 있다.

남해를 보고라고 했듯이 우리 마을은 갯벌의 보고다. 많은 외지 사람들이 아이들까지 데리고 와서 한씨 때에는 조용한 마을 즉 아이들 소리를 듣기 힘든 때에 아이들이 참여하여 어린이의 목소리를 듣는 좋은 환경이 되어 즐겁다.

PART 3

# 봄 편지

  봄은 어느 시대에도 아름다움이 알찬 계절이다. 그것도 마음대로 표현하는 것이 아니라 마음속 깊이에서 자라난 생리적 욕구이면서 인생의 본능이었다. 이 본능은 혼자 간직하는 것이 아니고 상대방에게 표현하고 행동화 할 때 비로소 본질이 표현 되고 사랑의 실천이라는 곡예에 말려든다. 그런데 방법이 없었고 힘들었다. 그래서 편지라는 매체를 통하여 그 아름다움을 현실화 하였다. 그때의 편지의 역할이 표현 전달하는 주축이 되다 싶이 하였다.

  편지 하면 지불명령도 반갑다는 말이 있다. 그래서 우리는 많은 편지를 받는다. 그것도 봄편지, 봄 자연은 사랑의 편지다. 봄바람과 함께 날아오는 나비 그리고 꽃 하나하나가 다 편지다. 사랑하는 사람의 윙크다. 봄이 이렇게 아름다운 것을 이제야 가슴으로 표정으로 느낀다. 많이 늦어버린 것이다. 이 사랑의 표현을 요즘 젊은이들은 즉석으로 표현하며 실행한다고 하니 놀랄 일이다.

강장남 제3수필집

동짓달 기나긴 밤을 한 허리를 베어내어
봄바람 이불 아래 서리서리 넣었다가
사랑하는 님 오신 밤이거든 굽이굽이 펴리라
황진이의 사랑의 은유시다 얼마나 아름다운 시상인가?

밀양 아리랑에는
정든임은 오시는데 인사를 못해
행주치마 입에물고 입만 방긋
어느 언어 구조가 이런 표현으로 사랑을 보여줄 수 있을까

우리 젊은시대에는 이런 아름다은 사랑의 표현이나 전달을 편지로 했다. 그때의 말로는 연애편지다. 누구에게 들킬까 하여 가슴 조이며 쓰고 보내던 편지, 그 사랑의 편지 항상 설레며 두근거리는 언어구조며 전달 수단이었다. 들키지 않고 전하는 자기 고백 사랑의 스토리들이 젊음을 아름답게 꾸몄다.

나이가 팔순인 데도 그때의 편지가 그립다. 젊은 시절 그리고 연애라는 개념을 아예 반대하는 시대에 그런 일은 아주 잘못된 존재로 전락한다. 그래서 사랑의 방법 전달에 심혈을 기우려야 한다. 누굴 시키거나 아니면 밤에 몰래가서 아가씨의 신안에 넣어두기도 하였다.

사랑의 편지 중에 가장 아름다운 일은 우리를 찾아오는 봄편지다. 이 편지는 꽃편지이다. 시베리아로 떠난 겨울의 찬바람 보이지 않을 때 오는 봄꽃들이다. 목련, 개나리, 진달래 그리고 나면 완연한 봄이 우리 곁을 찾는다. 이런 꽃들을 잇대어 지난 날의 만남들을 생각하면 너무 빠른 세월이 해마다 이 봄이 우리를 다시 돌아갈 수 없는 그 사랑의 길로 안내해 준다. 어떻던 사랑만큼 아름다운 단어가 있을까 봄이 오면 새삼 그립다.

강장남 제3수필집

PART 3

# 인성교육

　학교 다닐 때 주로 초등학교에서는 담임선생이 배정되는 날이 우리의 신경을 곤두세우게 했다. 올해 우리 학급의 담임이 누구인가 하는 것이 화두중 화두다. 당시 해방된 지 몇 년 되지 않았고 초등학교 교사의 전문실력이 갖추어지지 않은 상태, 문자 그대로 교육의 비상사태였다. 심지어는 초등학교의 실력을 가진 사람이 특수교육(교원 연수원?)에서 교육을 받고 교사가 되는 경우도 있었다. 그래서 선생님이 무서운 교육 도깨비같은 존재로 보이기도 하였다.
　어느초등학교 (당시 국민학교) 총동창회에서 스승의 날을 맞이하여 모교 선생님들을 초대하여 파티를 하면서 어느 한 선생님은 초대를 하지 않았다 이유는 그분을 선생님이라고 하기 싫어서였다. 자세하 일아보니 그 선생님은 교사가 아니라 폭군 같아서 아이들이 잘못을 저지르면 나무에 묶어 달고 몽둥이 메질을 했다고 한다. 그때 벌을 받은 사람들은 자기 잘못보다 그 무서운 매질을 평생 잊지 못한다고 하여 그분을 초대하면 자신은 그 회에서 탈퇴한다고 했는데 그런 사람이 부지기수였다고 한다. 다른 선생님들은 대접 잘 받고 양복 한 벌에다 용돈 금일봉까지 참으로 좋은 대접을 받는데 그 선생님은 아예 세워놓고 당신도 선생이라고 왔느냐고 묻는 제자들도 있었다고 하니 참 안타까운 일이 아닐 수 없었다.

왜 그랬을까? 일본 강점기 시대의 식민지화하는 교육 오죽하면 조선 사람과 동전을 두들겨 패야 한다는 말까지 있었다고 하니 할 말이 없다. 매를 맞아야 움직였던 우리 선조들의 인간 관리의 악함이 그랬던 것 같았다. 특히 양반이라는 사람들의 권력 수단이 몰매로 때리기까지 했다고 하니 더 무슨 말을 할 것인가?

일본의 통치 수단 역시 강압하지 않고는 안되는 그들만의 통치를 위한 교육 방법이었을 것이다. 인성교육은 사람다운 교육을 말해 준 것인데 그마저도 여러갈래로 이야기 될 것이나 무엇보다 바른 인성을 가질 때 기능하다고 볼 것이다. 그러나 이에 대한 정의를 살펴보면 인성의 가장 핵심적인 특성인 도덕성을 다루는 도덕과를 중심으로 국어과, 사회과, 예체능 교과 등과 협력적 관계를, 토의 형성하고 각 교과의 특성과 목표에 부합하는 방식으로 인성교육을 추진하고 있다. 또한 협동학습, 토의·토론, 문제해결학습, 스토리텔링, 역할학습 등 교수·학습 방법을 통하여 인성 함양이 이루어져야 한다고 보는데 이를 이르는 데는 창의적 체험활동, 학교 행사, 방과후활동 등으로 체험이나 활동, 실천 위주의 인성교육을 수행하며 기존의 특별활동과 재량활동을 통합한 것으로 자율활동, 동아리활동, 봉사활동, 진로활동 등으로 구성되어 있다고 한다.

강장남 제3수필집

그러나 중요한 것은 교사의 인성이 우선되어야 하는데 그 교사의 우선순위가 부모라고 생각한다. 한 아이가 이 세상에 태어나서 제일 처음 만나는 선생님이 부모다. 더욱이 어머니의 역할이다. 이 세상을 빛낸 사람들의 배후에는 그 어머니의 훌륭함이 주축을 이룬다고 해도 과언이 아닐 것이다. 결국에는 가정에서 이루어진 인성교육이 학교라는 집단교육으로 발전하여 점차적으로 발전적 결과로 나타나야 한다고 보아야 할 것이다.

학생의 경우에 교사가 역할모델로 작용하는 경우가 많기 때문에 인격 형성에 매우 큰 영향을 미친다. 선생님과 동료들에 의해 사랑과 존중을 받고 있다고 느끼는 따뜻한 배려의 교실, 자유와 창의, 소통을 중시하는 교육현장, 공동체 질서와 원칙이 존중되는 공정한 사회의 모습은 학생의 인성교육에 가장 큰 밑바탕으로 작용한다고 보아야 할 것이다. 그런 면에서 더 이상적이고 전진적인 사회를 이루는 중심이 교육이요 그 교육의 중심이 인성교육 곧 사람이 되는 교육일 것이다.

사람도 아닌 사람이 존재하는 사회가 형성된다면 결국 인류는 스스로 자멸하는 길을 택할 것이다. 거기에 사람은 사람다움을 익히는 길인 인성교육에 심혈을 기울여야 할 것이다.

PART 3

# 정선 가는 길

아우라지 배사공아 배 좀 건네주게
싸리골 올동박이 다 떨어지네
떨어진 동박은 낙엽이나 쌓이지
사시사철 임 그리워 나는 못살겠네

"정선 아리랑"의 일부분이다. 특히 어우라지는 두 줄기 강물이 하나로 합치는 부분이라고 한다. 아리랑이 세계에서 가장 아름다운 노래로 지정된 것은 그 가락가락 마다 사랑이 절여 있기 때문이다. 특히 정선 아리랑의 이 대목에는 사랑하는 한 젊은 남녀가 아우라지에서 날마다 만나서 사랑의 정분을 쌓았는데 어느날 뱃사공이 술에 취하여 건너주지 못하여 만나지 못함을 애타게 외치는 노래다 이 정선 아리랑의 애절한 사랑의 현장을 찾아가는 것이다.

아침 여섯 시 출발하면 오후 두 시쯤 도착할 예정인데 아침식사도 제대로 하지 못하고 출발하였다. 남해 노량을 지나 호남 고속도로를 타고 가다가 경부 고속도로로 이어가는 동안 안성에 들렀다.

안성하면 유명한 찐빵 집이 있어서 그 집의 첫 손님으로 거의 공복화 된 배를 채우느라 허겁지겁 빵을 먹었다 정말 맛이 좋았다. 일행 가운데 최고 연장자요 좌장격인 최연철 장로는 화장실 간 줄 알았는데 빵을 한 뭉치 사가지고 왔다. 그래서 여행 중에 에너지 손실을 막으면서 즐거운 먹거리로 우리들의 여독을 감소하는 역할을 하였다.

단종애사 하면 역사 공부를 한 사람이면 누구나 다 아는 슬픈 왕의 역사로 다 잘 알고 있다. 그가 마지막 기거하던 흔적을 찾아보는 것은 의미 깊은 일이다 우리 역사 속에 있어서는 안 될 단종애사는 민족적 슬픔의 공감이 흐르는 곳이다. 단종의 마지막 은거지 다 슬픈 역사로 남아있는 곳을 하나하나 토파보며 권력이라는 슬픔의 이정표를 다시 돌아본다는 깊은 의미 속에 빠져보는 마음 참 애절함에 취한다. 그가 왕자로 태어나지 않았다면 이런 슬픈 역사는 없었을건데 하는 역설적인 스토리를 만들어 보기도 하면서 하나하나 그의 삶을 살펴보다가 마지막 그의 슬픈 흔적 잎에 우리의 가슴이 숙연해졌다. 권력이라는 허망한 프로그램에 얼마나 많은 사람이 희생하였고 각종 모략과 중상 그리고 피비린내 나는 이씨 왕조 500년이 오늘 남북의 두 쪽으로 나누어 서로 응시하며 국력을 소비하게 하는 역사를 남긴 것이 아닌가. 이 아픔을 우리 후손들에게는 남기지 않아야 하는데 정선 아리랑의 그 처량한 이야기에 가슴 조운다.

# 보고싶은 사람들

강장남 제3수필집

PART 4

# 보고 싶은 사람들

6.25를 기점으로 하여 사람들의 입을 오르내리는 유수같은 세월 곧 흐르는 물과 같은 세월이라는 말이 많이 쓰였다. 아니나 다를까 그때 어른들이 두고 쓰는 문자 같은 말이 오늘 우리에게 어필한다. 언제 흘렀는가 소리 소문 없이 가버린 세월이 벌써 팔십 대에 우리를 데려다 놓았다. 이쯤 되니 늘 머리를 돌아가는 보고 싶은 사람들이다.

가장 먼저 떠오르는 어머니의 모습 1987년 한 번 간 천국 길에서 종종 꿈으로 나타나는 모습 어찌 잊을 수 있을까? 그 다음 보고 싶은 모습들이 줄을 잇는다 맨 먼저 떠오르는 사람이 내가 다섯 살 때 이웃에 살던 네 살의 소녀 소꿉놀아 밀통기 하기 그러다가 집놀이 아제 아지매 요즘 같으면 여보 당신 할 텐데 그때는 그런 용어들이 쓰이지 않아서 기껏 아지매요 아제였다. 이젠 할머니 할아버지 되어 머리에 핀 하얀 머리들이 지나간 세월의 속삭임이 된다.

특히 1960년대에 많은 그리움과 추억을 담아준 성자가 그립다.

해운대 백사장에서 그때 한참 유행하던 "해운대 엘레지"를 부르며 한밤을 보내던 시절이 있었는데 그가 그립다, 그는 1965년도에 브라질로 이민갔다. 어쩌다 고국을 찾아와 만나기는 했지만 그가 브라질에서 타계하였다. 마지막 치유를 위한 여행으로 고향을 다녀갔는데 안쓰러운 모습으로 다시 브라질로 떠나던 그 모습이 어쩐지 나의 지난 추억의 스케줄에서 떠나지 않고 종종 떠 오른다.

그 다음은 해마다 오월이면 스승의 날을 기념하여 만나는 제자들이다 그때 부산에서 같이 근무했던 교사들과 함께 모이면 그립던 과거사를 다시 떠 올리는 듯 송도의 횟집에서 해마다 모인다. 거기서 점심을 대접받고 노래방으로 간다. 나에게 노래를 신청하라기에 해운대 엘레지를 신청하니 지난해 신청한 거라며 다른 곡을 신청하란다 그러면 "고향 무정"으로 할까 하고 그 노래를 부른다. "아유 우리나라 가수들 다 폐업해야 하겠습니다" 하고 헛바람을 띄운다 이렇게 각자 좋아하는 노래를 부르다 보면 갈 길이 바빠진다. 그러니 아쉬운 것은 모이던 선생님들이 한 두 분씩 결석을 한다. 더러는 바쁘고 더러는 저세상 살이 좋아서인지 떠났다는 소식이다. 제자들이야 아직 젊으니 엇박자 참석을 해도 교사들은 끝이다.

"인생은 나그네 인생길 어디서 왔다가 어디로 가는가" 가수 최희준의 노래가 들리는 듯하다 이 모임 이 접대도 언제까지일까 생각

강장남 제3수필집

할수록 빠른 세월 앞에 무력한 인생임을 확인이라도 하는 듯 쓸쓸해 진다. 보고 싶은 사람들을 그리면서 점차 불어가는 백발을 다시 본다.

PART 4

# 징검다리 추억

　우리 마을에는 세 개의 징검다리가 있었다 다리가 가설되기 전에는 시내를 건너는 통행 수단이 징검다리뿐이었기 때문에 세워진 방법이기는 하지만 그 실시 부분이 엄청나다. 세 개의 징검다리로 하나는 큰내다리 그리고 또 하나는 담배점 다리 그리고 마지막 다리는 금천 다리다 돌이 너무커서 어떻게 은반된 것인가 하는 의심에 가득하였다. 사람들의 이야기는 그 돌을 옮긴 사람의 이름이 기록되어 있다고 하여 신비한 마음으로 바라보았다 모두 자연석이기 때문에 울퉁불퉁하여 잘못 디디면 영락없이 물에 빠진다.

　6.25 때에 군 기피자들을 경찰이 잡으러 오면 제일 먼저 도망하는 곳이 징검다리다. 아무리 날름한 경찰관이라도 이곳에 오면 속수무책이다. 우물거리는 동안 얼마든지 도망 가 버리기 때문에 그 경찰들이 작전상 징검다리를 피하는 쪽으로 몰아가려고 하지만 그게 쉬운 일이 아니다 오히려 도망치는 사람들의 誘導作戰에 말려들어 십중 팔구 놓친다.

강장남 제3수필집

5일 장날이면 징검다리가 매우 바쁘다 특히 생선을 한 동우리 이고 가는 아주머니를 앞세워 건너게 하는 배려심도 상당한 민심의 아름다운 전통을 갖는다. 그러나 비가 내려서 냇물이 넘치면 모두 신을 벗어야 하고 그것도 겨울에는 그 차거움이 말이 아니다. 이제는 다리가 가설되어 남해에서는 대교 외엔 큰 다리다. 원래 삼화천 자체가 남해에서 제일 긴 화천이고 이곳은 다리가 바다와 만나는 하구이기 때문에 저절로 긴 다리며 하구 변경이 넓다.
　봄여름 어금기에 은어가 많아서 은어 잡이가 대단했다. 수박 맛 냄새의 은어 맛은 지금 생각해도 침이 돈다. 아예 잡은 그 자리에서 창자를 훑어내고 아작아작 씹어 먹는 재미, 좀 비위가 약한 사람은 초된장 양념을 준비하여 머리만 떼고 씹어 먹으면서 승승장구하는 장군 같은 모습으로 으시댄다.

　자연으로 인한 징검다리 못지않게 인간 징검다리는 더 유명하다. 고려를 침략하는 적군을 힘으로 대하기보다 직접 적진으로 뛰어들어 외교의 솜씨로 전쟁을 마무리한 고려의 서희 장군의 외교 역시 국가를 위한 징검다리였다. 그 뿐 아니다 마을마다 서로의 격분을 가라앉히며 세워진 대립각을 안착시키는 분들이 있다. 사람이 모이는 곳이면 으레히 일어나는 소통의 불협화를 바로 잡아주는 징검다리 인생이 많으면 많을수록 그 지역사회는 밝은 미래를 갖는다.
　인생의 아름다운 징검다리를 아름답게 건너자.

PART 4

# 紅杮

생각이 난다 홍시가 열리면 울 엄마가 생각이 난다
자장가 대신 젖가슴을 내주던 울 엄마가 생각이 난다
눈이오면 눈맞을세라 비가 오면 비 젖을 세라
험한 세상 넘어질 세라 사랑 땜에 울먹일세라
그리워진다 홍시가 열리면 울 엄마가 그리워진다
눈에 넣어도 아프지도 않겠다던 울 엄마가 그리워진다
생각이 난다 홍시가 열리면 울 엄마가 생각이 난다
회초리 치고 돌아앉아 우시던 울 엄마가 생각이 난다
바람 불면 감기들 세라 안 먹어서 약해 질 세라
힘든 세상 뒤쳐질 세라 사랑 땜에 아파 할 세라
그리워진다 홍시가 열리면 울 엄마가 그리워진다
생각만 해도 눈물이 핑도는 울 엄마가 그리워진다
생각만 해도 가슴이 찡하는 울 엄마가 그리워진다

홍시 가사이다 들어도 들어도 가슴을 피고드는 노래다 "홍시가

강장남 제3수필집

열리면 울엄마 생각이 난다." 참으로 더욱 생각이 난다.

　우리 집에 감나무 네 그루 가운데 유달리 홍시 맛이 좋은 감나무가 있다. 여기서는 따발이 감이라고 하는데 여인들이 물동이를 이고 갈 때에 머리에 받치는 따발이 같다고 하여 따발이 감이라고 한다 당도가 높아 다른 감이 따를 수 없다. 홍시가 가지고 있는 특성은 숙취를 풀어주고 소화를 도우며 비타민 씨가 많으며 호흡기에도 좋은 약재가 된다고 한다. 어머니는 해마다 홍시를 따서 장독에 가득 담아두었다가 마을 사람들에게 나누어 주기도 하셨다.

　금년에도 유독 감이 많이 열려 벌써 기관지가 나쁜 사람들로부터 주문이 잦다 감의 수확은 90% 이상 익어야 하고 주로 서리가 내리고 50% 이상이 홍시가 되면 수확 하는데 그 당도가 가장 높아서 기관지염에 좋은 약제가 되지만 가장 좋기로는 산에서 야생으로 자라는 돌감 홍시가 제일이라고 한다.

　설날이 되면 귀한 손님에게 송편과 홍시를 대접한다. 금년에는 홍시와 대추가 풍작이다. 많은 사람들이 이로 인하여 건강을 유지한다면 얼마나 좋을까? 홍시 노래에 홍시가 열면 생각난다는 어머니 생각이 떠 오를 것 같아 풍년이라는 단어에 홍시까지 끼어들어 마음 흐뭇하게 한다.

　홍시! 울엄마 생각이 난다 다시 목청껏 부르고 싶은 노래다.

PART 4

# 시골 버스

종점에서 출발하는 버스편으로 집으로 가기 위하여 승차권을 가지고 차에 오른다. 아직 출발 시간이 삼십 분이나 남았는데 앉을 만한 좌석은 동이나 손잡이를 잡고 20 키로를 가야 하니 걱정이다. 여름 대낮은 사정없이 온몸을 땀으로 씻긴다. 지나는 것이 시간이기에 기다리다 보니 버스가 출발한다. 당시 비포장 도로의 시대인데다가 덥다고 문을 다 열어두고 출발하니 온땅의 먼지는 차 안으로 밀려든다.

차장은 "다음은 다정입니다" 하고 안내한다. 내릴 손님은 알아서 나오라는 것이다. 문제는 만원버스의 손님 틈새를 비집고 나오는 사람들의 내리는 기술도 만만찮다. 어떻게든 비집고 나가야 하니까 서로 부딪치고 엉키는 것이 장난이 아니다. 안에 탄 손님이 내리는 시간이 십분가깝다. 그러나 문제는 내리는 손님보다 새로이 타는 손님이 더 많기에 버스는 점점 추가 만원이다. 그런데 차장의 손님 싣는 솜씨가 가관이다. 아무리 만원이요 정원 초과라도 차장의 솜씨를 당하지 못한다. 여름먼지가 입으로 가득 들어와 먼지 투성이가 되어도 그 버스를 놓치면 네 시간이나 기다려야 하니 죽자 살자 탄다.

문제는 장날 버스다. 그때는 버스의 출발점이 반대쪽이다. 사람을 싣는 버스인지 생선 어판장인지 구별하기가 힘든다. 출발 지점에 어장이 있기에 거기서 장사하는 아지매들이 광우리에 고기를 잔뜩 담아서 사람 다니는 복도에 펴 놓고 승객이 어쩌다 고기 광우리에 발이라도 스치면 생물에 흠집 낸다고 야단인가 하면 여자가 건드리면 여자가 아침부터 재수없게 남의 생물을 건드린다고 야단이다. 이건 기사도 말 못하고 차장도 터치하지 않는다. 고객 중 단골이요 출발지의 특권을 가지고 있기 때문이다. 그래서 더러는 "아줌마 이 차를 대절 내었소?" 하니 싱긋이 웃고 만다.

짜증스러운 상황에도 웃으면서 실려가는 사람들의 모습을 보면 사람 사는 것 별 것 아니구나 하는 생각을 한다. 그러다가 어떤 때는 버스 타이어가 펑크가 나면 기사와 차장이 차를 세워놓고 갈아 끼우는데 그냥 길 복판에서 작업을 하니 당시 이차선이 아닌 길이라 온 도로에는 차들이 올스톱 하고 이 작업이 끝나도록 빵빵 거리거나 와서 도우므로 시간 절약을 한다. 그뿐인가? 손님들도 그대로 앉아 뻐긴다. 자신들이 차지한 좌석을 지키기 위한 고역이다. 어떻던 학생들은 아예 포기하고 이십리 길도 걸어서 통학한다. 지금이야 얼마나 좋은 길, 버스를 타고 다니는가? 지난일 생각하니 저절로 웃음이 나온다.

강장남 제3수필집

PART 4

# 라면

한 탈북자가 이곳에 와서 좋았던 일을 묻는 기자에게 라면을 먹는 일이라고 하였다. 너무 맛이 좋았다는 것이다. 그냥 씩 웃고 말았지만 의미심장한 말이었다. 라면 하면 50년대에 부산극장 맞은편에 완당 라면이라는 음식집이 있었는데 나와 같은 어린 소시민은 감히 접근할 수 없는 생소한 음식점이었다. 60년대 후반기쯤 되어서 삼양라면이 출시되었고 이어서 여러 가지 라면이 선보이기 시작하였다. 이어서 대중화 되어 그 인기가 대단하였다. 저것 맛이 어떤가 하여 한번 먹어 볼 양으로 하나 사왔다. 당시 구조로 불을 때고 끓여 먹을 수 없으니 석유 곤로를 이용하기로 하고 냄비를 준비하여 물을 붓고 봉지에 쓰여 있는 대로 순서를 따라서 끓인다. 어느정도 끓은 것 같아서 스프를 넣고 차츰 끓인다. 처음 끓여보는 일이기에 계속 두껑을 열어보는 동안 어쩐지 타는 냄새가 나는 것 같아 불을 내리고 뚜껑을 열어 보니 냄비에 물은 없고 라면은 누룽지처럼 붙어 버렸다. 타 버린 것이다. 그래도 아까워서 먹기는 했지만 그 맛이 말이 아니다. 처음부터 이 지경이니 라면 먹을 용기가 나지 않았다.

　세월이 제법 흘러서 어느날 아내가 아침 일찍 외출을 해서 아침을 손수 지어 먹어야 하겠는데 궁리 끝에 라면 하나를 꺼내어 삶아 먹기로 하였다. 이제는 오래전의 실수를 경험삼고 흘깃 흘깃 보아 온 터이기에 라면 하나를 꺼내어 삶기로 했다. 좀 세련되게 달걀 하나를 깨어 넣고 묵은 김치를 썰어 넣고 끓였다. 거기다가 어제 먹다 남은 식은 밥 한 덩이를 넣어서 말아 먹으니 그 맛도 일품이다. 그 이야기를 했더니 이웃의 C형은 한수 더 뜨는 실력을 가졌다. 그는 문어, 낙지, 홍합, 배추, 부추, 파 등 눈에 보이는 것은 다 넣어서 짬뽕화 하여 끓여 먹는다는 것이다. 나는 겨우 달걀 하나 넣어서 먹는데 그래 가지고는 제맛이 나지 않기에 무조건 다 넣어서 끓이라는 것이다.

　라면의 맛 다들 처음 먹으면 그렇게 좋다는 그 맛의 진미는 무엇일까? 요즘은 가지 수가 많아서 맛 여행을 한다 해도 제법 시간이 걸릴 것 같은 그 맛.

　군에서 제대 말년에 장정 십여명 모여서 라면 스무개를 큰 솥에 넣고 반찬이래야 김치 하나. 나무 젓가락으로 휘휘 저어서 떠먹는 그 맛 잊을 수 없다. 맛의 진미는 조리가 아니라 배고픔과 경쟁의 등식이 성립할 것 같다. 언제 이같은 라면 한번 먹어보나? 매장마다 즐비하게 날 좀 보소 하는 듯 진열되어 있는 라면 그 향기가 코를 찌른다.

강장남 제3수필집

PART 4

# 가을이 오는 길

무덥던 여름이 가고 가을이 오고 있다.
가을! 어디서 올까 종종 이런 생각을 한다. 사계절 가운데 가장 좋은 계절이 가을이다. 벚꽃길을 걸어 본지가 며칠전 같은데 벌써 가을이 노크한다. 그 가을이 오는 길이 어딘가 하고 느닷없는 생각에 잠긴다.
무엇보다 가을은 노래를 타고 온다.

가을이라 가을바람 솔솔 불어오니
푸른 잎은 붉은 치마 갈아 입고서
남쪽나라 찾아가는 제비 불러 모아
봄이 오면 다시 오라 부탁 하누나

가을이라 가을바람 다시 불어오니
밭에 익은 곡식들은 금빛 같구나
추운 겨울 지낼 적에 우리 먹이려고

하나님이 내려주신 생명의 양식 (백남석 작사 현재명 작곡)

의미깊은 노래이다..
참 많이 불렀던 노래이다.
그 다음 떠오르는 노래는 박목월 작사 심성태 작곡의 이별의 노래이다.

기러기 울어 예는 하늘 구만리
바람이 서늘 불어 가을은 깊었네
아 ~ 아 ~ 아~ 아
나도가고 너도가야지.

한 낮이 지나면 밤이 오듯이
우리의 사랑도 저물었네
아 ~ 아 ~ 아~ 아
나도가고 너도가야지.

산촌에 눈이 쌓인 어느 날 밤에
촛불을 밝혀두고 홀로 우리라
아 ~ 아 ~ 아 ~ 아
나도가고 너도가야지.!.!.!

아름다운 사랑의 노래이기도 하지만 가을이 이를 더 부추기는 외로움이기도 하다 6.25 전후의 시대를 살아 온 사람들은 다 가슴속에 애절하게 남아 있는 노래일 것이다

PART 4

# c의 이야기

　사람이 살아가는 방법은 여러 가지다 이런 말은 누구라도 할 수 있는 말이다. 그러나 그 방법도 자기 의도대로가 아니라 타고 난 섭리라는 말을 자주 쓴다. 내가 아는 C형은 나보다 두 해 정도 앞선 나이다 머리도 좋고 자기 일에 열정적이었다, 그는 어머니가 일찍 돌아가셔서 그 아버지가 홀아비가 되자 집안에서 일찍 장가를 보내는 바람에 두 살 위의 아가씨에게 장가를 들어 다른 또래들은 보통 3살에서 5살 나이가 어린 아가씨에게 장가를 드니 그게 자신의 열등감이었다 그리고 자신보다 다섯 살 위의 형은 대학을 나와 좋은 아가씨와 결혼하였으나 자신이 다니는 회사 사장 딸과 연애하느라고 본부인과 이혼하고 새살림을 차려 깨가 쏟아지는 살림살이 하는데 자신은 두 살 위의 아내와 일생을 보내려 하니 난감하였다. 그리고 하는 일이라곤 지게를 지고 땔 나무나 하는 자로 전락하여 생각하면 할수록 신세타령하는 자가 되어가고 있었다 아무리 생각해도 자신의 일생을 이렇게 묻고 살아서는 안된다는 생각으로 아내를 꼬셨다 " 우리가 이렇게 살다가는 평생 촌 사람으로 별 발전 없는 존재로 살게 될 터이니 아무래도 자신이 도시로 나가서 새로운 직장을 구해야 당신도 촌사람 아닌 사람으로 살 수 있다는 구실로 아내가 가지고 있는 결혼 지참금을 모두 정리하여 다음 날 새벽 아버지 몰래 脫家하였다

오후 4시경 p시에 도착하였지만 막막하였다. 하룻밤을 여관에서 잠자고 값싼 식당에서 배를 채우고 복덕방을 경영하고 있는 선배를 찾아갔다. 연탄난로를 안고 앉아있는 선배에게 인사를 하고 생을 이어갈 수 있을 직장 하나를 구해달라고 부탁했으나 그게 쉬운 일이 아니었다. 이런저런 생각으로 궁리하던 끝에 선배는 넌 머리도 좋고 똑똑하니 철학관을 하나 개설하라 하여 인근에 사무실 하나를 빌리고 동양철학관이라는 이름의 간판을 걸었다. 그 선배는 지필묵을 구하여 주며 매일 한자 연습을 하고 또 아가씨 한 사람 구하여 접수처에 앉히고 개업하기로 했다. 그거로는 되는 일이 아니라며 그 선배는 당부했다. 대부분 찾아오는 사람은 여자들이 문제라야 바람난 남편 문제 그리고 자식의 미래에 대한 문제일 터이니 간단하게 한마디로 문제 해결의 실마리는 찾아온 고객에게 당신 몸의 배꼽 아래에 흉터가 있는가 하고 물어보면 그의 대답에 따라 답을 찾는다는 것이다. 흉터가 있으면 그것 때문이요 없으면 없기 때문이라고 하면 된다는 것이다. 접수부의 아가씨가 미리 알아 둔 50%의 문제를 쉽게 알아차려서 명 철학가로 이름이 뜨기 시작하였다.

심지어는 매년 정초에 그 해의 운세를 매스컴을 통하여 방영되기까지 하므로 일약 유명한 철학적 명사로 자리매김하였다.

  그런데 문제는 그때부터였다. 명사로 이름이 뜨니 여자들이 몰려 들었고 먹는 것 입는 것 온갖 것의 슈퍼맨이 되었다. 그러다 난 들통은 재벌집 아내와의 기도사건이었다. 신년 신수를 보러 온 여인에게 운이 좋지 않으니 기도를 하자고 했다. 나도 할테니 당신도 하라고 당부했다. 그 사실을 그 여인이 친구에게 자랑을 했는데 그 친구 왈 그분 내가 어제밤 카바레에서 봤는데 하는 바람에 들통나 결국에는 국립 호텔에 수감 되었다. 아버지 모시고 농촌에서 농사나 열심히 지었으면 했는데 뜬구름 잡듯이 분에 넘치는 길에 섰다가 자기 말대로 붉은 글을 그린 것이다.

PART 4

# 무속인 이야기

　점심을 먹고 나면 종종 쏟아지는 午睡가 걷잡을 수 없어서 가능하면 이 시간을 넘기고 싶은 마음이다 한번 잠을 붙이면 붙일수록 긴 잠으로 연결되어 잠깨기가 힘이 든다. 잠을 피하기 위하여 마을을 한바퀴 돌아보면서 그 시간을 메꾼다. 그래서 이집 저집 순회하듯이 순회한다. 여러집 가운데 자주 가는 집은 여인들이 많이 모이는 p형의 집이다. 그날도 내가 의식하지 않아도 발걸음이 저절로 그집 대문 앞에 머물렀다.

　"아재 오지 마소?" 하는 소리가 들리기에 왜 그러는가 하고 대문 옆으로 보이는 마루에 여자들이 옹기종기 앉아 있고 그 뒤쪽에 낯선 여자가 보따리를 베고 누워 있었다. 짐작이 갔다. 어허 또 무당이 왔구나 생각했다. 아직도 무당말을 믿고 사는 이 사람들의 형편을 생각하니 놀라지 않을 수 없다.

　무당이라는 말을 사전에서 찾아보니 여자 무속인을 이야기하는 것이다. 남자는 무격이라고 표현을 하고 한문으로 무격(巫覡)이라고 써서 무당과 박수를 아울러 이르는 말로 사용한다. 흔히 여자들을 보고 무당, 만신이라고 하며 남자들은 박수라는 용어를 쓰기도 한다. 이런 경우에는 강신무(신이 내려서 된 무당)라고 말한다. 그리고 무속에서는 다신을 모시고 있다. 우리는 흔히 여자 무당들을 보고 만신이라고 이야기를 하는데 이는 많은 신을 모시기 때문에 붙여진 명칭이라고 한다.

어느 날 식당에 갔는데 반찬을 더 달라고 했더니 간이 손수레 같은 것이 혼자서 다가 오더니 "반찬 가지고 왔습니다" 하는 것이다 깜짝 놀라서 받으니 "많이 잡수세요" 하는 "인사를 하고 유유히 떠난다. 로보트였다. 웬만하면 이 로봇을 사용하는 시대에 무당의 수작에 빠져 사는 사람들이 불쌍하다. 그러나 중요한 것은 현대인의 비극이 바로 그것이다. 거듭 공허해 가는 인간의 내면이 공허가 무당화 되어가는 시대에 우리가 살고 있다.

문명의 발달이 가져오는 인간의 내면적 공허, 이 공허를 한판 굿으로 채우려는 어리석음이 무당 문화의 속에 접어들고 있다는 것, 이건 지식인에게도 별수없이 함께 공존하는 시대에 우리가 살고 있음이 분명하다. 점차 대형화로 치닫는 문화 뽐냄이 이런 것들을 보여 준다. 그러나 중요한 것은 의인 열 사람이 없는 소돔 고모라의 문화가 그랬듯이 찬란한 삶의 부패가 그때의 무당문화로 번지고 결

강장남 제3수필집

국 유황불의 심판을 초래 했다는 사실이 이를 증명한다.

　무당문화에 점차 인간 본연의 진실이 파괴되어 멸망한 세대들이 우리에게 주는 경각심을 깨달아야 할 시대에 우리가 살고 있다. 정신 차려야 할 시대다.

PART 4

# 이잡기

가랑이야 가랑이야 쎄갈이 데리고 잘 놀아라
귀바위 밑에 가서 물한모금 얻어먹다
더듬이 손에 잡히면 살아올지 죽어올지 모른다

이 노래를 들어 본 사람이 얼마나 될까? 이를 몸에 지니고 살아본 사람이 아니면 모른다. 우리가 어릴 때 세가지 필수 몸충이 있었다. 빈대, 벼룩, 이, 참 온몸을 간질여서 잠을 설칠 때가 많았다. 빈대와 벼룩은 몸에 붙어 있는 일은 적지만 이는 몸에 붙어서 기생하기 때문에 항상 간지럽혀서 잡아야 한다. 그래서 양지 쪽에 앉아서 펜티 고말을 까고 이 잡는 일이 여가 선용이 되기도 하였다. 집집마다 저녁 아홉 시가 되면 이잡기를 한다.

반가우면서도 죽이는 이는 원래 주인이 없다. 다들 상대방에게서 옮아 왔다고 하고 그놈은 하룻밤에 아홉등, 아홉고개를 넘는다고 해서 이런 말을 한다. 어미 이가 새끼를 업고 벽 삼십리를 올라가니

강장남 제3수필집

첫닭이 운다고 한다.

　명화 가운데 조르 주 드 라 투르의 이잡는 여인이라는 명화가 있는 것 보아서 이 이는 사람이 사는 곳에는 다 공존했던 진딧물이었던 것이다. 그러니 우리 뿐 아니라 인간에 존재하는 곳에는 우리와 같이 살고 있었던 것이다.

　동생뻘 되는 k는 이 잡는 재미로 산다고 하면서 작은 놈들은 잡지 않고 살려 두었다가 그놈이 크면 잡아 죽이는 재미를 본다는 것이다. 그들에게 밤마다 뜯기는 간지러움을 두 손톱 사이에서 툭 터지며 피를 쏟는 이의 마지막 생명의 절규를 듣는 듯 하면서도 복수하는 통쾌함을 체험한다는 것이다. 그런 재미 때문에 어린 놈을 살려서 키워서 잡는 다는 것이다. 하숙 하는 학생들 사이에서 있었던 이야기로는 학교에 등교하면서 교복 밖으로 기어 나온 이 한 마리를 옆 친구가 발견하고 잡아 주니 "야 이놈 왜 나왔어 다시 들어가" 하고 옷 안으로 집어 넣으니 이 광경을 본 여학생들이 깔깔대고 웃었다고 한다.

　일본에서 부모님을 따라서 부산항에 왔을 때 미군들이 뭔가 하얀 가루를 뿌려주고 우리들의 옷에 넣어 주었는데 늦게 안 일이지만 이를 퇴치하기 위한 소독 작업이었던 것임을 늦게 알게 되었다.

6.25 직후는 미조할머니의 이 벼룩 빈대 퇴치작업으로 독한 약을 살분기로 뿌렸는데 그 약이 농약 가운데도 독한 파라치온이었다.

그래도 독극물인 파라치온이 사용된 이후 이는 사람 사이에서 없어졌지만 그때의 일을 생각하면서 웃어 본다.

강장남 제3수필집

PART 4

# 막내 고모님

 우리 아버지의 형제는 삼남 사녀로 일곱분이셨다.
 큰 아버지는 강길환 이시고 삼촌은 강길포 이신데 다 일찍 돌아가셨다.

 고모님은 큰 고모님이 강금순, 둘째 고모님이 수진, 셋째 고모님은 어진, 막내고모님은 막순이라고도 하고 길례라고 불렀다. 큰고모님은 대구 부근에 사셨는데 일찍 돌아가시고, 둘째 고모님은 창선 장포에, 세째 고모님은 물 건너에, 다른 고모님들은 조금 떨어진 곳에 사셨지만 막내 고모님은 건너마을 꽃내에 사셨다. 들은 바로는 처음 혼인한 고모부가 일본에 살다가 귀국하여 만주지방으로 가셔서 소식이 끊겼다가 해방 후에 귀국 하기는 했는데 이미 가정을 꾸렸기에 한 마을에 사는 김두진씨와 재혼하여 아들 둘, 딸 셋을 낳으셨다. 유독이 필자의 아버님인 둘째 오라버니를 따르셨다. 오죽하면 우리 둘째 오라버니 오시면 하면서 무슨 벼를 일에 대한 어름장을 놓기도 하였다. 그런 막내 고모님의 유해를 가지고 "오빠"하며 찾아 온 고종 동생 갑지의 방문을 맞았다. 참으로 마음이 많이 흔들렸다. 동생과 같이 유해를 남편인 고모부와 함께 합장하듯이 모셔드렸다. 유독 눈물이 많아 걸핏하면 우시던 막내 고모님을 남편곁에 모셔드렸기에 마음이 뿌듯하였다.

아버님이 우리 가족을 이끌고 고향 왔다가 당시 국가의 기조가 바로 서지 못하고 하루에 무수한 정당이 창당되고 하나가 되지 못하고 분파와 혼란으로 더 이상 머무를 이유가 없다고 생각하시고 다시 일본으로 가시면서 "막순아"하고 부르시고 떠나가신 오라버님을 일각 여삼추로 기다렸다. 한번은 보내주신 경도양단 저고리와 벨벳 치마를 입고 그렇게 좋아하시면서 우리 작은 오라버님이 보내 주셨다고 자랑을 하셨다.

그러나 그렇게 학수고대 기다리던 우리 아버님 곧 막내 고모의 둘째 오라버님이 1956년 1월에 뇌경색으로 불귀의 객이 되셨다. 얼마나 우셨는지 그런 후로는 많던 눈물이 더 많아졌다.

그의 무너진 기대감에 또 슬픈 소식은 건너마을 조카인 우리 가족이 교회를 세우고 교회에 열정적라는 것이다. 그래서 그게 늘 못마땅 하셨는데 마지막엔 신앙생활을 하시다가 하나님의 부름을 받으셨고 그 유해를 고종 여동생인 갑지가 보듬고 왔다.

강장남 제3수필집

한많은 인생 그분은 혼자 가슴에 심고 안고 마감하신 것이다. 지금도 눈에 선한 막내 고모님, 하늘 나라에서 편히 사세요.

강장남 제3수필집

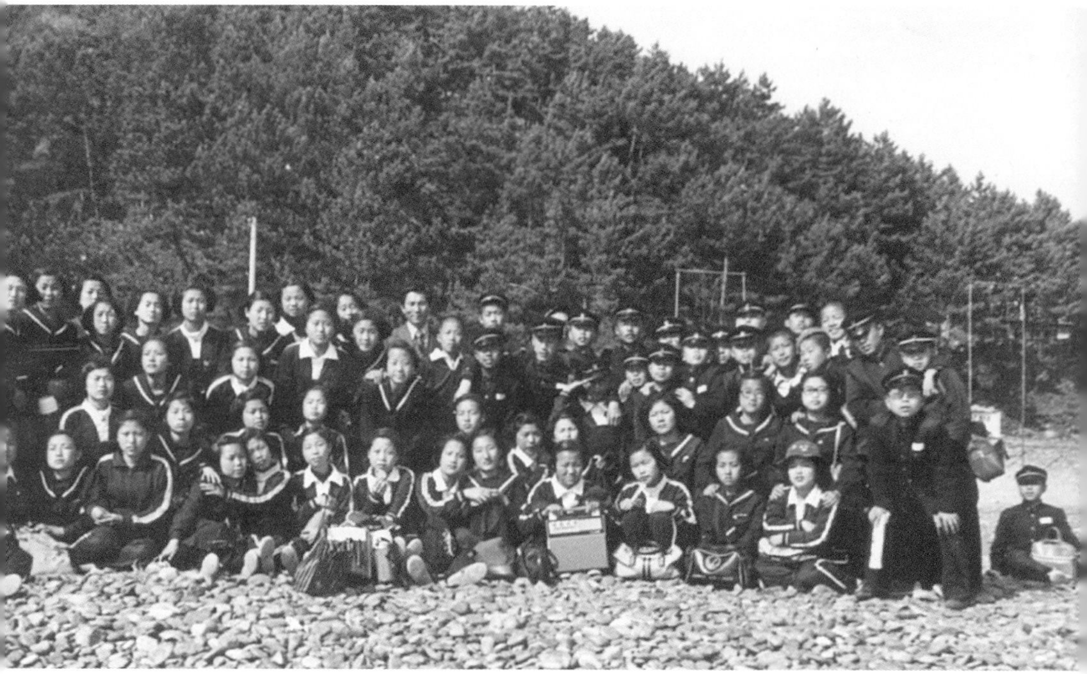

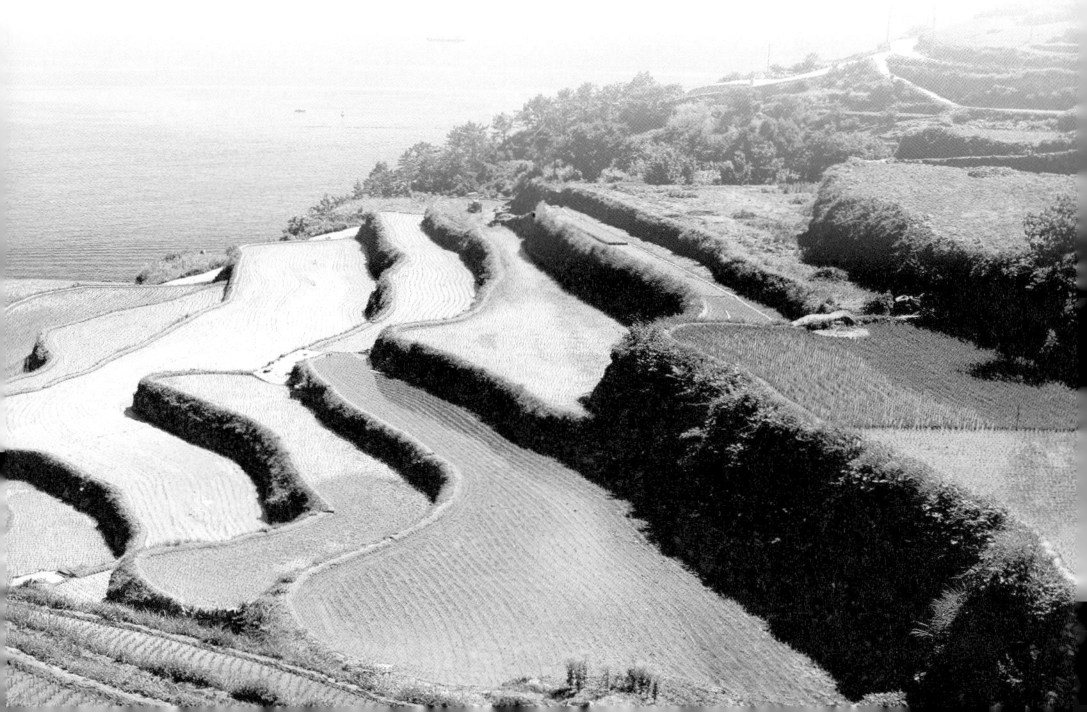

## 강장남 수필집 **3**

| 인쇄일 | 2024년 11월 20일 |
| 발행일 | 2024년 11월 30일 |
| 디자인 | 도서출판 평강 |
| 펴낸곳 | 도서출판 평강 |

창원시 마산합포구 남성로 28
☎ 055) 245-8972
E-mail. pgprint@nate.com

ISBN 979-11-89341-33-6  03600

· 도서출판 평강과 저자의 서면 동의 없는 무단 전재 및 복제를 금합니다.
· 저자와의 협의에 따라 인지는 생략합니다.

※ 이 책은 한국예술인복지재단으로부터 발간비를 지원받았습니다.